Phil Bosmans

Mensch, ich hab dich gern

W0058181

Inhalt

Zur Einstimmung

Die Texte von Phil Bosmans sind eine Liebes-
erklärung an das Leben. Sie vermitteln eine
große Sympathie für die Menschen und lassen uns auf humorvolle Weise in den Spiegel
sehen. Sie öffnen uns die Augen für die kleinen Dinge und für das Glück, das im gegen-
wärtigen Augenblick liegt. Vor allem: Sie machen Mut zum eigenen Leben.

Allen, die dieses Buch lesen, wünsche ich
eine Erfahrung wie diese: Jemand hatte mir
eine Karte unter die Wohnungstür geschoben.
Sie zeigte eine wunderschöne Meeresauf-
nahme. Auf der See lag ein sanfter Dunst, und
der Himmel strahlte Weite aus. Auf der Karte
stand: „Von Zeit zu Zeit musst du lernen, blind
zu fliegen wie Piloten im Nebel. Du weißt,
was du gewöhnlich zu tun hast. Tu es blindlings. Ohne zu denken. Ohne zu grübeln.
Vertrau auf die Führung eines anderen. Hab
Geduld – auch mit dir selbst."

Jemand hatte mich offensichtlich gern und anscheinend gespürt, wie es um mein Inneres bestellt war, und mir diese Worte geschenkt, die auf meine aktuelle Situation hin geschrieben zu sein schienen. Sie berührten mich wie eine Hand, die übers Haar streicht und Kraft gibt. Monatelang steckte diese Karte hinter meinem Badezimmerspiegel. Das ist jetzt einige Jahre her, und damals wusste ich nicht, dass der Text der Karte von einem flämischen Autor namens Phil Bosmans stammte.

Phil Bosmans hat rund um die Welt eine Millionen-Leserschaft (geschätzte 9 Millionen Weltauflage). Von den Einnahmen seiner Bücher wurden soziale Projekt ins Leben gerufen: in Belgien, in Deutschland, in Kroatien, in Lateinamerika. Später habe ich mehr von ihm gelesen und wurde oft gepackt von seinem Ton, der so unmittelbar und einfach das Herz anspricht. Phil Bosmans lesen hat etwas von „nach Hause kommen".

Als ich ihm das erste Mal persönlich begegnete, war ich sehr aufgeregt. Mittlerweile

hatte ich beruflich mit seinen Veröffentlichungen zu tun, und ein geschäftliches Gespräch über seine Bücher stand an. Also
machte ich mich auf den Weg in das kleine
flämische Kloster, in dem er lebt. Ich werde
diese erste Begegnung niemals vergessen.
Denn ich lernte einen Menschen kennen, der
mit dem, was er schreibt, so sehr überein-
stimmt, dass einen diese Erfahrung nicht
mehr loslässt.

„Mensch, ich hab dich gern" versammelt
Texte von Phil Bosmans, die alle aus Begegnungen mit konkreten Menschen entstanden
sind. In einer Zeit, in der Marketing-Agenturen
und Ghostwriter mit Berechnung und Kalkül
an Texten arbeiten, um „Bestseller" zu produzieren, wirken die Worte von Phil Bosmans
atemberaubend ehrlich und echt. Sie machen
Mut, auf das eigene Herz zu hören und spontane Menschlichkeit zu wagen. Sie sind wie
ein Schluck klares Wasser. Wunderbar!

Ulrich Sander

1

Heute musst du glücklich sein!

Heute!

Heute: Das ist der Tag,
um glücklich zu sein!
Kein anderer Tag ist dir gegeben
als der Tag von heute.
Heute musst du leben,
heute musst du fröhlich
und zufrieden sein!

Gestern: schon vorbei.
Morgen: kommt erst noch.
Heute: der einzige Tag,
den du in der Hand hast.

Mach daraus deinen besten Tag!

Einfache Dinge

Ich bin verliebt in einfache Dinge. Verliebt sein ist ein wunderbares Gefühl. Der Frühling im Herzen. Alles wird anders, alles fängt an, in den schönsten Farben zu leuchten.

Ich bin verliebt in einfache, alltägliche Dinge: eine offene Tür, ein gastlicher Tisch, ein herzlicher Händedruck, ein freundliches Lächeln, das Aufblühen einer Blume, das Zwitschern eines Vogels, die Wolken, der Bach und der Berg und der Sonnenschein.

Die kleinen Dinge machen mein Leben zu einem Fest, auf das ich mich jeden Tag freuen kann. Es ist wie die Liebe im Frühling.

Heute leben!

Heute musst du leben. Heute musst du glücklich sein. Wenn du heute nicht lebst, dann hast du den Tag verloren. An das Gute von gestern kannst du dich ruhig erinnern, und auch von den schönen Dingen träumen, die morgen kommen mögen. Aber verliere dich nicht ins Gestern oder Morgen. Wir schreiben Träume in das Buch der Zukunft, aber eine unsichtbare Hand macht einen Strich durch unsere Träume. Es bleibt nicht viel Zeit, um glücklich zu sein. In einem kleinen Dorf, irgendwo im Land, lebte ein alter, weiser Mann. Er war neunzig Jahre alt geworden und sah zufrieden und glücklich aus. Da sagte einer zu ihm: „So ein schönes langes Leben! So viele Jahre lebst du schon." Der Alte antwortete: „Du lebst immer nur einen Tag." Das hatte ihn das Leben gelehrt.

Ein glücklicher Mensch

Glück ist unbezahlbar. Glück kann man nicht kaufen. Zum Glück! Geld ist notwendig, um menschenwürdig zu leben. Aber Geld kann uns nicht glücklich machen, ja es kann zum größten Hindernis für unser Glück werden.

Wer glücklich werden möchte, muss einen Preis bezahlen.

Der Preis für unser Glück ist: Wir müssen uns selbst geben. Nicht mehr und nicht weniger. Sich selbst geben darf nicht aus verkapptem Geltungsbedürfnis geschehen oder als verkrampfte Selbstaufopferung. Sich selbst geben geht nur in Freiheit, möglichst mit Freude und immer aus Liebe. Und dann ist auf einmal mein Glück da: als Schatten meiner Liebe.

Ein glücklicher Mensch ist mit sich im Reinen, und so kann er Frieden verbreiten bei den Menschen, unter denen er lebt.

Er sieht Menschen gern, denn er hat gute Augen für die guten Seiten der anderen. Ein glücklicher Mensch ist weder in seine Probleme noch in seine Illusionen verliebt.

Er denkt nicht, Glück sei wie das große Los in der Lotterie, sondern er weiß: Glück ist wie ein Schatten, der dir folgt, wenn du nicht daran denkst. Glück ist wie ein Echo, das dir antwortet, wenn du dich selbst gibst.

Ein glücklicher Mensch ist niemals ein gefährlicher Mensch. Er weiß: Glück besteht aus vielen Teilen, und ein Teil ist immer zu kurz. Aber er starrt nicht auf das, was ihm fehlt, sondern freut sich über das, was er hat.

Kein Tag ohne Lachen

Lachen ist gesund. Du hast Lachen nötig. Mit deinen Sorgen machst du dir Falten in dein Herz, und schnell hast du dann auch Falten im Gesicht. Lachen befreit. Humor entspannt. Lachen kann dich erlösen vom falschen Ernst.

Lachen ist die beste Kosmetik fürs Äußere und die beste Medizin fürs Innere. Regelmäßig die Lachmuskeln betätigen – das ist gut für die Verdauung, der Appetit kommt in Gang, der Blutdruck bleibt stabil. Humor gibt dir ein Gespür für die Dinge, wie viel Gewicht ihnen zukommt.

Lachen und Humor wirken sich aus nicht nur auf deinen Stoffwechsel, sondern auch auf deine Umgebung. Lachen und Humor entlasten. Sie verringern Spannungen und Tränen.

Lachen und Humor – das beste Mittel gegen Vergiftung von Geist und Herz. Sie befreien vom erdrückenden Ernst der bleiernen Probleme, von der erstickenden Luft des Alltags.

Was ist ein verlorener Tag?
Ein Tag, an dem du nicht gelacht hast!

Im Spiegel

Schau einmal in den Spiegel, sieh dein eigenes Gesicht. Dahinter wohnst du. An deinem Gesicht kannst du sehen, ob du dir Masken aufsetzt: eine verächtliche für die unter dir, eine aalglatte für die neben dir, eine unterwürfige für die über dir. Die sauersüß lächelnde Maske beim Verkaufen, die gleichgültige bei der Arbeit, die auftrumpfende in der Kneipe, die verbissene im Verkehr und die verschlossene zu Hause. Du wohnst hinter deinem Gesicht. Dein Gesicht ist der Spiegel deines Inneren. Menschen mit sauren Mienen versauern das Leben. Tu etwas für die Gesundheit deines Herzens! Zaubere aus deinem Herzen ein Lächeln hervor – auf der Straße, im Büro, bei der Arbeit, beim Gespräch, zu Hause. Weil du es schön findest, einfach so.

Du kannst lachen!

Öffne dich wie eine Blume in der Sonne.

Werde wie ein Kind:

einfach, spontan, fröhlich.

Sei kein Fass, das von Problemen überläuft.

Du kannst doch auch lachen.

In der Sonne parken

Ich laufe auf dieser Welt nicht ewig herum.
Zwischen der Ewigkeit vor meiner Geburt und
der Ewigkeit nach meinem Tod habe ich genau meine Zeit, auf unserem kleinen Planeten
zu parken. Ich habe meine Parkuhr. Ich kann
den Zeiger nicht zurückstellen. Ich kann in
meine Uhr kein Geld stecken und sie länger
laufen lassen. Meine Parkzeit ist unerbittlich
begrenzt. Mein Leben ist wie mein Name, den
ich in den Sand am Meer schreibe: ein kleiner
Wind, und alles verweht.

Was nun? Nicht traurig sein, vielmehr probie-
ren, in der Sonne zu parken, nicht im Wespen-
nest der Sorgen. Den Tag schön machen.
Begeistert sein vom Licht, von der Liebe,
von guten Menschen und guten Dingen.
Versuche jeden Tag neu, die Menschen
gern zu haben, die um dich herum sind. Versuche in der Stille, die Wunden der Menschen

zu heilen, die weinen, auch wenn sie ihr Leid hinter einer freundlichen Maske verbergen. Schenk denen etwas Liebe, die zu wenig geliebt werden. Das Glück der anderen Menschen liegt in deinen Händen.

Freundlich sein und hilfsbereit zu den Alten, die wissen, dass ihre Parkuhr bald abgelaufen ist, zu den Kranken, den Behinderten, den Betrogenen und den vielen Unglücklichen, die keinen Platz mehr an der Sonne fanden. Ihnen und allen Menschen um mich herum den Tag schön machen. Mehr brauche ich eigentlich nicht zu tun, um selber glücklich zu sein.

In der Sonne parken
und die Parkuhr laufen lassen.

Rezept für Sonnenschein

Wenn du die Zutaten von „Sonne" kennst, kannst du sie selber machen, so gut wie das tägliche Essen: Steh morgens nicht zu spät auf. Schau in den Spiegel, lach dich selber an und sag zu dir selbst: „Guten Morgen!" Dann bist du schon in Übung und kannst den anderen auch „Guten Morgen!" sagen.

Nimm eine große Portion Güte, dazu einen ordentlichen Schuss Geduld – auch mit dir selbst. Vergiss die Prise Humor nicht, um die Misserfolge zu verdauen. Misch ein gehöriges Maß Arbeitslust hinein und gieße über alles ein großes Lächeln – selbstgemachter Sonnenschein!

Nimm jeden Tag als Gabe entgegen, als ein schönes Geschenk und, wenn es geht, als ein Fest.

Checkliste fürs Glück

Wandern in der freien Natur.
Essen, wenn man Hunger hat.
Schlafen, wenn man müde ist.
Radfahren und im Garten arbeiten.
Sprechen mit den Pflanzen.
Pfeifen mit den Vögeln.

Du bekommst neue Augen
für die Wunder um dich herum.
Du wirst weniger verbrauchen,
aber mehr und bewusster genießen.
Ein Butterbrot schmeckt wunderbar.
Ein Glas frisches Wasser kann ein Fest sein.

Mit wenig zufrieden sein und viel genießen
ist die Kunst und das Glück
von freien Menschen.

Nicht zu kaufen

Kennst du die Formel vom Glück? Sie ist nicht zu kaufen, sonst wären alle Reichen glücklich. Sie ist nicht im Handel, und man kann sie auch nicht wie eine Pille oder ein Pulver einnehmen. Für alles in unserer Welt haben wir eine Formel gefunden, außer für das Glück. Wäre sie auf Knopfdruck zu bekommen, dann würden wir sie schon längst haben.

Die Formel des Glücks kommt allein aus dem Herzen. Aber nur aus einem Herzen, das gegen alles Gewohnte einfach und ehrlich ist, gütig und den Frieden liebend, das nicht immer fordert, aber immer bereit ist zu geben. Geh mal in dein eigenes Herz und schau nach, was dort deinem Glück im Wege steht.

Spielen

Von Kindern lässt sich viel lernen. Zum Beispiel das Staunen, das die Wurzel der Weisheit ist. Vor allem lässt sich von Kindern das Spielen lernen. Es ist nicht nur für die Kleinen der Königsweg zum Glück. Im Spiel können wir erfahren, dass Leben mehr ist als Pflicht, als Arbeit, Angst und Sorgen. Im Spiel erleben wir, wie spannend es zugehen kann. Im Spiel der Farben und Formen, der Wellen und des Windes, der Worte und Klänge und Bewegung ahnen wir die Wunder des Lebens. Unerschöpflich und nie endend ist das Spiel der Liebe.

Glück lässt sich nicht erzwingen.
Spielend werden wir glücklich.

Noch heute

Willst du ein sicheres Mittel wissen, um niemals glücklich zu werden? Dann denke dauernd voller Trauer und Wehmut an die schönen Tage, die vorbei sind, oder warte ewig auf das Glück, das irgendwann kommen soll. Bilde dir nicht ein, dass du erst glücklich sein wirst, wenn du den Traumpartner oder das eigene Haus oder das ersehnte Auto oder die hochdotierte Position im Beruf hast.

Wenn du heute nicht glücklich sein kannst, dann denk nicht, dass morgen ein Wunder passiert. Hör auf, deinen Kummer von gestern wiederzukäuen, und mach dir keine unnützen Sorgen wegen morgen. Du suchst dein Glück zu weit weg, so wie einer seine Brille sucht, und dabei sitzt sie auf seiner Nase. Heute musst du glücklich sein, heute, nicht morgen oder übermorgen oder nächstes Jahr.

Gedanken voller Sonne

Manchmal sind Schwierigkeiten so erdrückend, dass du keinen Ausweg mehr siehst. Du siehst alles viel schwärzer, als es wirklich ist. Das ist äußerst gefährlich. Wenn es dann wieder besser geht, lerne daraus als Erfahrung für die Zukunft: Den Mut nicht verlieren, was auch passiert! Sieh deine eigenen Schwierigkeiten immer aus einem gewissen Abstand an, als wären es die Schwierigkeiten eines anderen. Dann siehst du alles viel klarer. Weißt du, dass dein Glück großenteils davon abhängt, an was du denkst? Denke niemals: Ich habe sowieso keine Chance. Ich werde wieder krank werden. Mir geht alles daneben. Ich bin verloren. Sorge für gute, erfrischende Gedanken, für Gedanken voller Sonne. Gedanken voller Sonne verzehnfachen deine Verstandeskraft und deine Willensstärke und machen aus dir einen glücklichen Menschen.

Glückselig

Das wahre Glück ist kein fantastischer Traum,
es ist nicht teuer und nicht weit weg. Das
Glück ist ganz nah, aber du musst es erkennen und finden. Versuche für die anderen eine
Freude zu sein, eine Art Gabe, ein tägliches
Geschenk. Dann wirst du erstaunliche Dinge
erleben. Dann wirst du die anderen anders
sehen, und vielleicht werden sie anders, und
auch du erlebst sie als ein Geschenk, als eine
echte Gnade.
So viel Glückseligkeit wünsche ich dir.

Vergiss nicht zu leben

Es ist doch so: Du musst arbeiten und Geld verdienen, um zu leben. Leben ist das Ziel. Glücklich leben. Aber der folgenschwerste Irrweg unserer Zeit ist, dass viele Menschen das Mittel zum Ziel machen. Sie leben, um zu arbeiten. Und so verstricken sie sich in unlösbare Probleme. Die Grundlage ihres Lebens ist falsch.

Hast du vergessen, zu leben, weil du aus einem Mittel zum Leben das Ziel deines Lebens gemacht hast? Was ist das Leben anderes, als gut und freundlich zu den anderen zu sein.

Vergiss nicht zu leben, heute zu leben. Vergiss nicht, dass dir jeder Tag gereicht wird wie eine Ewigkeit, um glücklich zu sein.

Burn out? Geh in den Wald!

Du willst intensiv leben? Intensives Leben ist kein gejagtes Leben, tagein, tagaus gehetzt, ständig unter Druck, immer nur drängende Sachen. Intensives Leben heißt nicht, alles mitzunehmen und mitzumachen, um am Ende Magengeschwüre oder einen Herzinfarkt zu bekommen.

Fuß aufs Gas und weiter, schneller? Halt doch mal an und steig doch mal aus.

Der Kalender voller Termine, von einer Verabredung zum nächsten Termin? Nimm dir frei!

Müde und ausgebrannt, erschlagen von tausend Dingen, die nicht nötig sind? Mach eine Pause!

Geh in den Wald! Da warten die Bäume auf dich. Herrliche Bäume, die schweigend von der Stille zehren und von dem Saft, der bis in die letzten Zweigspitzen steigt.

Da singen die Vögel für dich. Wo bleibst du, um ihnen zu lauschen? Da findest du Ruhe, unsagbaren Frieden. Leg dich unter einen Baum, steck einen Grashalm in den Mund und genieße seliges Nichtstun.

Dann kommen die besten Gedanken und die schönsten Träume über dich. Dann verschwinden die Probleme, die du hinter deinen Wänden hast.

Geh in den Wald! Da bekommst du einen klaren Kopf, eine ruhige Seele und ein friedliches Herz. Und du sagst zu mir: Wenn ich das doch könnte! Und ich antworte dir: Du bist ja schon unterwegs!

Zeitmanagement

Lieber Mensch, deine ganze Vergangenheit
hast du schon auf dem Buckel und willst dir
auch noch deine ganze Zukunft aufladen?
Das ist zu viel.

Du bekommst zu leben in Portionen von
vierundzwanzig Stunden. Warum denn alles
auf einmal? Dafür bist du nicht geschaffen.
Das macht dich fertig.

Einfach Mensch sein, einfach leben.
In die Luft gucken, die Sonne sehen,
Blumen erblicken und in der Nacht die Sterne.
Kindern zuschauen, lachen, spielen,
tun, was Freude macht, träumen,
die Fantasie spielen lassen:
So wird das Leben ein Fest.

Das Einzige, was dir fehlt

Menschen glücklich machen,
das ist der Traum glücklicher Menschen.
Wenn du selbst glücklich bist,
dann ist das Einzige, was dir fehlt:
das Glück der anderen.

Der unglückliche König

Ein König war schwer erkrankt und schickte
nach einem Arzt. Der Doktor sagte zu ihm:
„Ihr werdet wieder gesund, wenn Ihr einen
glücklichen Menschen findet, der Euch
erlaubt, sein Hemd anzuziehen."

Tagelang durchsuchten seine Leute das
Land, bis sie am Ende einen glücklichen
Menschen fanden. Endlich!

Aber der glückliche Mensch besaß nichts,
nicht einmal ein Hemd.

Der glücklichste Fisch der Welt

Ich träumte von einem Fisch im Meer. Der sah
die Möwe, die auf den Wellen schaukeln und
mit den Winden spielen konnte, und er
dachte, sie müsse viel glücklicher sein als er.
So bat er einen Affen, ihn aus dem Wasser zu
holen. Der machte das prompt und brachte
ihn ans Land. Ich kam gerade noch zur rech-
ten Zeit, er lag schon im Sterben. Schnell warf
ich ihn wieder ins Wasser. Jetzt war er der
glücklichste Fisch der Welt.
Das Glück liegt im Schatten der Zufriedenen.

Himmel auf Erden

Ich weiß, dass es nicht leicht ist,
in den Himmel zu kommen.
Aber ich weiß auch genau,
dass es unmöglich ist,
wenn der Himmel nicht zu uns kommt.
Der Himmel beginnt auf Erden, überall dort,
wo Menschen zu Freunden werden,
wo Freundlichkeit und Güte herrschen,
wo Freude miteinander geteilt wird.

Wovon ich träume

Ich träume von einer Welt, einem Land, wo Menschen täglich Liebe und Leid teilen. Wo Menschen wie Töne von einem einzigen Lied sind, jeder Ton mit seinem eigenen Klang, in der unerschöpflichen Melodie des Friedens unter den Menschen.

Ich träume von einer Welt, einem Land, wo alles auf das Maß des Menschen zurückgeführt wird, wo Herzlichkeit das Haus erfüllt und Menschen menschliche Wärme finden. Wo Gesunde und Kranke, Starke und Schwache, Junge und Alte einander Heimat und Geborgenheit geben.

Ich träume von einer Welt, einem Land, wo das menschliche Interesse den Vorrang hat vor politischen, wirtschaftlichen und finanziellen Interessen, wo Raum ist für die Wunder der Natur, für Musik und Tanz, für Kinder und Clowns. Wo Menschen glücklich sein können über ein Glück, das gratis ist.

Glückliche Menschen

Ich habe das Glück gesucht,
woran es liegt, dass Menschen glücklich sind,
wo der Grund für das Glück liegt.

Und das habe ich herausgefunden:
Der Grund liegt nicht im Geld, nicht im Besitz,
nicht in der Arbeit, nicht im Nichtstun,
nicht im Leisten, nicht im Genießen.

Bei glücklichen Menschen
fand ich immer als Grund
eine tiefe Geborgenheit,
spontane Freude an kleinen Dingen
und eine große Einfachheit.

2

Weißt du, dass du ein Wunder bist?

Du bist ein Wunder

Weißt du, dass du ein Wunder bist? Ein Wunder, das lebt, das es wirklich gibt? Du bist einmalig, einzigartig, nicht zu verwechseln. Weißt du das? Ist es für dich selbstverständlich, und du findest nichts dabei, dass du lebst, dass du leben darfst, dass du Zeit bekommst, um zu singen und zu tanzen, Zeit, um glücklich zu sein? Warum sich endlos Sorgen machen um Dinge von morgen und übermorgen? Warum so viel Hektik und warum schlafen, wenn die Sonne scheint?

Mach dein Herz frei von tausendundeiner Nichtigkeit. Davon lass deine Lebensfreude nicht abhängig sein. Nimm dir ruhig Zeit, um glücklich zu sein: Heute!

Zeit ist keine Schnellstraße zwischen Wiege und Grab, sondern Platz zum Parken in der Sonne. Heute leben! Heute lächeln! Heute glücklich sein!

Genießen können

Um leben zu können, musst du genießen können. Um genießen zu können, musst du frei sein, frei von aller Gier. Um genießen zu können, brauchst du eine gesunde Harmonie zwischen deinen Gefühlen, deinen Vorstellungen und deinem Verhältnis zu Menschen und Dingen.

Wenn du genießen kannst, kannst du lachen und fröhlich sein. Dann bist du dankbar, dass jeden Morgen die Sonne aufgeht. Dann bist du selig, weil dein Bett weich, deine Wohnung warm ist. Dann kommt die Freundschaft Gottes auf dich zu in jedem Lächeln, in jeder Blume, in jedem guten Wort, in jedem warmen Händedruck, in jeder Umarmung.

Wenn du die kleinen Dinge genießen kannst, wohnst du in einem Garten voller Seligkeit.

Du bist ein wunderbarer Mensch

Du bist ein wunderbarer Mensch. Hat dir das schon einmal jemand gesagt? In deinem Innersten bist du einmalig, unverwechselbar. Von Ewigkeit zu Ewigkeit wird keiner so sein wie du. Unter der Oberfläche deines Bewusstseins stößt du auf das Wunder, das du selbst bist. Sei du selbst!

Lass dich nicht gleichschalten von einer Gesellschaft, in der alle Menschen im gleichen Rhythmus reagieren sollen, im Rhythmus von Produzieren und Konsumieren, von Geldverdienen und Geldausgeben.

Sei du selbst! Frage dich: Wofür lebe ich? Du bist einmalig. Du lebst aber nur einmal. Du bist gemacht, um Menschen Liebe und Freude zu bringen. Erwarte nicht zu viel von anderen. Mach es selbst! Du bist ein wunderbarer Mensch. Du kannst es.

Zu Hause in meinem Leib

Meine Augen sind da für das Licht, für das Grün des Frühlings, für das Weiß des Schnees, für das Grau der Wolken und das Blau des Himmels, für die Sterne in der Nacht und für das unglaubliche Wunder, dass es so viel wunderbare Menschen um mich gibt.

Mein Mund ist da für ein liebes Wort, auf das ein anderer wartet. Meine Lippen sind da für einen Kuss und meine Hände, um zärtlich und sanft zu sein, um Leidenden zu helfen. Meine Füße sind da, um zum Nächsten zu gehen. Und mein Herz ist da, um Menschen, die in Einsamkeit und Kälte leben, Nähe, Wärme und Liebe zu schenken.

Ohne Leib bin ich nirgends.

Ohne Sinn ist nichts.

Alles hat seine tiefe Bedeutung.

Hände können so viel

Hände sind wunderbar. Kein Apparat der Welt ist so perfekt. Sie lassen sich unvorstellbar vielseitig bewegen, von innen her, ohne Einwirkung von außen. Hände können sprechen und sagen manchmal mehr als Worte. Hände können schreiben, was man denkt. Hände können zeigen, was man fühlt. Hände können Bilder malen, Träume modellieren, Musik machen.

Hände können Wunder vollbringen. In den Händen liegt heilende Kraft. Hände können ein Herz von Sorgen heilen, einen trüben Geist erhellen und aufheitern.

Hände sind uns gegeben, um Fühlung zu bekommen mit Mutter Erde, mit der ganzen Natur und mit den Menschen um uns. Hände lenken den Geist nach außen hin; so kommt er zur Ruhe, wird erfrischt und erneuert.

Frühstücks-Gedanken

Ich frage mich, wie viele Flüge von wie vielen Bienen nötig waren für das kleine Löffelchen goldgelben Honig zu meinem Frühstück. Und wie viele Blumen dazu blühten. Und wer die Sonne scheinen ließ, denn wenn es regnet, fliegen sie nicht. Alles für das kleine Löffelchen goldgelben Honig zu meinem Frühstück!

Für jedes Stück Brot, das ich esse, hat jemand ein Saatkorn in die Erde gelegt. Ein Wesen, größer als der Mensch, hat in das Saatkorn den Überfluss blühenden Getreides gelegt. Ich liebe das Saatkorn, das in der warmen Umarmung der Mutter Erde emporwächst, um den Menschen das Korn zu geben für das tägliche Brot, Gabe des Himmels und der Erde, damit wir leben.

Das Klopfen meines Herzens, hunderttausendmal am Tag, gratis. Unglaublich. Ich atme jeden Tag zwanzigtausendmal, und für die

hundertvierzig Kubikmeter Luft, die ich dazu
brauche, wird mir keine Rechnung ausge-
stellt.

In die Natur ist ein Geheimnis
der Liebe eingebaut,
einer fantastischen Liebe.
Ich fühle mich geliebt
bis in meine Zehenspitzen.
Ich möchte danken.

Leibhaftig!

Dein Leib ist eine wunderbare Gabe. Mit deinem Leib bist du gegenwärtig: sichtbar, greifbar. Mit deinen Augen kannst du lachen und weinen. Mit deinem Kopf kannst du denken, träumen, dich erinnern. Mit deinem Mund kannst du essen, sprechen und singen. Mit deinen Händen kannst du streicheln und arbeiten. Mit deinem Herzen kannst du zärtlich sein, trösten.

Dein Leib ist dein Haus auf Erden. Deine Augen sind deine Fenster zur Welt. Du bist mehr als dein Leib, aber du kannst ihn nicht entbehren. Du musst gut für ihn sorgen und ihn nicht verwöhnen. Lass dir keine sinnlose Bequemlichkeit aufdrängen, bis du am Ende Füße nur noch für das Gaspedal hast und Hände nur noch für elektronische Tasten und Knöpfe.

Dein Leib braucht Wärme. Liegt er zu lange im Eisschrank, dann wird er starr und kalt. Dann wird er eine Ess- und Arbeits- und Schlafmaschine. Die Verbindungen zu anderen hören auf, und der Mensch fällt tot auf sein eigenes Ich zurück.

Der Leib ist ein Wagen der Liebe. Ein gutes Wort ist möglich, weil du einen Mund hast. Eine sanfte Gebärde, weil du Hände hast. Ein liebevoller Blick, weil du Augen hast. Dein Leib ist Träger der Zärtlichkeit.

Lebenslotterie

Das Leben ist wie eine Lotterie, meinen viele Leute, sie hätten nur nicht das richtige Los gezogen. Sie sind überzeugt – was noch schlimmer ist –, der Nachbar, der fröhliche, der mehr feiert, der hätte das viel bessere Los bekommen. Ich habe viele Menschen getroffen, jeder anders, alle verschieden. Ich habe auf ihre tiefsten Geheimnisse gehört. Keiner war dabei mit dem großen Los, dem makellosen Glück. Irgendetwas hatten alle, ein Missgeschick, eine Last, eine Wunde. Manche waren dabei, die sind bei allem Leid doch glückliche, fröhliche Menschen geblieben. Andere resignierten, wenn es schwierig wurde, wenn etwas schiefging. Oft hatten sie genau das Gleiche durchgemacht; heraus kam ganz Verschiedenes. Doch so ganz verschieden sind die Lose nicht. Der Unterschied liegt im Wie, wie man es ansieht, wie man es annimmt. Und das liegt bei einem jeden selbst.

Was habe ich heute in Händen?
Meine Gesundheit.
Die Sonne am Himmel.
Zu essen und zu trinken.
Ein Kind, das mich anlacht.

Vielleicht suche ich das Glück
viel zu weit weg.
Es ist wie mit der Brille. Ich sehe sie nicht.
Und dabei sitzt sie mir auf der Nase.
So nahe!
Das Leben ist wie eine Lotterie.
Aber da lässt sich viel machen
von uns selber.

Du bist ein guter Mensch

Ob es um Schulreform oder Standortfragen der Wirtschaft geht: Menschen werden beurteilt. Gefragt sind deine Examen und Diplome, deine Titel, dein Ehrgeiz, deine Funktionen. Gefragt sind das technisch-wissenschaftliche Leistungsvermögen und das Wirtschaftspotenzial, das in dir steckt. Gefragt sind nicht: menschliche Gefühle wie Mitleid, Verständnis, Sorge für andere, Aufmerksamkeit für Menschen in Not.

Deshalb sind die vielen Reformdebatten und Erneuerungsreden wie Nebelschwaden, die sich in Luft auflösen. Die Menschen im Alltag haben nichts davon. Die große Welt hat nur einen Blick für die großen Dinge, für die Dinge, die auffallen. Die Welt der Finanz-märkte und Computerstatistiken rechnet mit allem, nur nicht mit dem Herzen.

Lass dich nicht entmutigen: Mensch sein, ein guter Mensch sein, das ist das Wichtigste in dieser Welt. Gut sein setzt ein gutes Herz voraus, die Bereitschaft, sich für andere einzusetzen und dabei sich selbst zu vergessen. Werde ein guter Mensch. Lass es dir nicht ausreden.

Du kannst ein Stück dieser Welt verändern.
Dich.

Alles wächst ins Licht

Ist es dir schon aufgefallen, dass alles in der Natur ans Licht drängt? Das kleinste Samenkorn wächst aus dem Dunkel der Erde ins Licht. Jeder Baum, wie dicht der Wald auch sei, streckt seine Zweige zum Licht. Jede Blume hält den Kelch ihrer Blüte der Sonne hin. Auch meine Augen sind da für das Licht. Wenn du dich selbst wie tot fühlst für jede Freude, für jedes Glück, wenn du nicht mehr an dich selbst und die Menschen glauben kannst: Dann versuch einmal, all das Dunkle und Finstere abzulegen. Steh auf aus der Nacht deiner Mutlosigkeit zu einem neuen Morgen voller Sonne, voller Vögel und Blumen. Wach auf aus deinem Winterschlaf eines lustlosen Daseins zu einem neuen Frühling. Auferstehung ist in jedes Blatt eines jeden Baumes geschrieben, also sicher auch in dein müdes Herz.

Liebe ist wie die Sonne

Jeden Morgen zündet die Sonne über der Welt ihr Licht an. Die Sonne ist für viele das Gewöhnlichste von der Welt. Und dabei wirkt sie Wunder Tag für Tag. Sie weckt den Frühling. Sie lockt aus den Bäumen das junge Grün und zaubert bunte Blumen auf die Wiese.

Jeden Tag fängt sie aufs Neue an und niemals wird sie müde. Nachts ist sie am anderen Ende der Erde, um den Menschen auch dort ihr Licht zu schenken. Nehme ich die Sonne weg, wird es finster und kalt.

So ist es mit der Liebe. Geht die Liebe auf in meinem Leben, dann wird es hell und warm. Geht die Liebe unter in meinem Leben, dann wachsen die Schatten. Die Liebe ist wie die Sonne. Wer Liebe hat, dem kann vieles fehlen. Wem die Liebe fehlt, dem fehlt alles.

Alles Wesentliche ist umsonst

Der Traum jedes Menschen vom Glück beginnt wie der Traum eines Kindes, ein Traum voller Spiel und Fantasie, ein glücklicher Traum. Der Traum verdirbt, wenn man Menschen einredet, dass Träume Lügen sind und dass auf allem Glück ein Preisschild stehen muss.

Aber Glück kann man nicht per Bankkonto überweisen, es gibt keine Produktionsstätte, die es herstellt, kein Versandunternehmen, das es ausliefert. Mit Geld kannst du dir ein Bett kaufen oder ein Haus bauen oder Geschäftsbeziehungen pflegen, aber es schenkt dir weder Schlaf noch Wärme und Geselligkeit und sicher keine Freundschaft. Mit Geld öffnet sich dir jede Tür, nur nicht die Tür zum Herzen.

Die wesentlichen Dinge des Lebens gibt es umsonst. Sie werden dir gratis gegeben.

Der Schoß deiner Mutter.

Ein Vater, der dich trägt.

Das Lachen eines Kindes.

Eine herzliche Umarmung.

Die Sonne und das Grün des Frühlings.

Das Lied eines Vogels.

Das Plätschern des Baches.

Der Saft in den Bäumen.

Die Wogen des Meeres.

Der Tag und die Nacht.

Die Ruhe und die Stille.

Der siebte Tag.

Das Leben und das Sterben.

Das Menschsein auf Erden.

Über alle Dinge, die gratis sind,
kannst du allein mit Liebe verfügen.

Reich sein

Um glücklich zu sein, musst du nicht deinen Besitz vermehren, sondern dein Begehren vermindern. Viele gehen genau umgekehrt vor.

Sie sind unzufrieden mit dem, was sie haben, und suchen Dinge zu bekommen, die sie eigentlich nicht brauchen. Mach dabei nicht mit! Früher oder später musst du doch feststellen, dass du mit all diesen Dingen nicht glücklicher wirst.

Du bist reich und glücklich nicht, wenn du viel besitzt, sondern wenn du von vielem sagen kannst: Das brauche ich nicht zum Glücklichsein. Glück ist keine Folge von Besitz. Glück ist, für andere ein Reichtum zu sein.

Mit wem du leben musst

Viele Menschen kennst du mehr oder weniger oberflächlich. Aber einen Menschen gibt es, den du gründlich kennenlernen musst, und selbst dann wirst du nicht immer durchschauen, warum er so fühlt und warum seine Leidenschaften manchmal so ausbrechen wie ein Vulkan. Einen Menschen gibt es, mit dem du täglich leben musst und von dem du dich nicht leicht lösen kannst.

Dieser Mensch sitzt in deiner eigenen Haut. Dieser Mensch bist du selbst.

Und nun sage ich etwas ganz Seltsames: Um leben zu lernen, musst du sterben lernen, um glücklich zu sein, musst du eine Menge Dinge loswerden, vor allem die Gier. Aber wie? Du musst keine verrückten Dinge machen. Das tägliche Leben ist dein bester Lehrmeister.

Ich sammle Worte wie Blumen

Ich sammle Worte wie Blumen. Ein treffendes Wort ist wie ein Funke, der aufblitzt, wenn Erkennen und Liebe, Geist und Herz zusammentreffen. Wenn man Menschen auf den Wegen ihres Lebens begleitet und ihnen wirklich zuhört, dann wachsen Worte am Wege wie Blumen. Man kann sie pflanzen, man kann sie pflücken. Solche Worte trägt man bei sich, solche Worte bringt man heim.

Sie gehen von Mund zu Mund und nehmen Wohnung im Herzen. Blumen der Freude am Leben, Blumen der glücklichen Dinge im Leben. Blumen der kleinen Aufmerksamkeiten, dass man aneinander denkt. Blumen der Freundlichkeit, die uns fröhlich machen. Blumen der Geborgenheit, die wir einander schenken. Wo ist davon die Rede in der Tagesschau, in der Tageszeitung, in den Tagesgesprächen? Leg Blumen bereit!

Zauberworte

Aus Märchen kennen wir Worte, in denen Zauberkräfte wohnen. Auch im wirklichen Leben gibt es Zauberworte. Geheimnisvolle Kräfte stecken im Lob. Jeder Mensch lebt davon, dass er Zustimmung findet, dass man ihm zu verstehen gibt: Hier bist du willkommen. Jeder braucht von Zeit zu Zeit ein anerkennendes Wort: Das hast du gut gemacht. Am schönsten ist das absichtslose Lob, das der Liebe entspringt: Mensch, ich hab dich gern. Ein Lob, das von Herzen kommt, lässt andere Herzen höher schlagen. Jedes anerkennende Wort besitzt Zauberkräfte: Es kann Menschen beflügeln. Lob ist wie eine Feder, Menschen bekommen Flügel.

Meine Freunde, die Bäume

Ich dachte, ich würde sie kennen, bis ich eines Tages das Wunder sah. Sie standen mit ihren Füßen auf demselben Boden, erhoben ihren Kopf in dieselbe Luft, in dieselbe Sonne und denselben Regen. Der Apfelbaum machte Äpfel, und der Birnbaum, zehn Meter weiter, machte Birnen. Ganz normal, sagten die Menschen. Aber ich konnte meinen Augen nicht glauben. Was sie aus demselben Boden holten, aus derselben Luft, aus derselben Sonne und demselben Regen, daraus machte der eine Baum Birnen und der andere, zehn Meter weiter, Äpfel. Und die sind ganz verschieden in Form, Farbe, Geruch, Geschmack. Sprich einmal mit einem Baum. Bäume sind Freunde der Menschen. Ohne Bäume ist das Land kahl, ist niemand da, der dem Wind trotzt, den fruchtbaren Boden festhält und den Regen speichert. Bäume sind Freunde der Menschen. Sie geben ihre Früchte, ohne zu fragen, wer sie isst.

Die Zwiebel

Woher weiß eine Zwiebel, dass Frühling ist? Vor einem Jahr holte ich sie ins Zimmer und legte sie aufs Regal, in den Schatten eines Buches. Nichts machte ich mit ihr, überhaupt nichts. Ich wartete nur. Vielleicht auf die Stunde, da sie mir schmecken würde … Ein ganzes Jahr lang lag sie da. Und nun ist sie aufgewacht. Sie hat keine Sonne gesehen. Sie hat kein Wasser bekommen. Jetzt, auf einmal kommt sie hervor, um mir zu sagen: *Es ist Frühling!*

Wer hat das in ihr Herz geschrieben? Ich will dem Unsichtbaren danken, der sie in aller Stille so intensiv leben lässt. Ein Wunder! Man mag es wissenschaftlich in allen Einzelheiten analysieren, aber das Wunder wird dadurch nicht aus der Welt geschafft, ebenso wenig wie die Botschaft, die sie mir bringt: *Es ist Frühling.*

Nobody is perfect

Der Mensch ist keine Maschine. In keinem
Mechanismus geht er auf. In keine Formel
fängt man ihn ein. In unserer computerge-
steuerten Zeit besteht die Gefahr, dass wir
anfangen, Menschen wie Computer zu be-
handeln, die perfekt nach Programm ablaufen
müssen. 1 + 1 = 2 mag mathematisch richtig
sein, doch beim Menschen stimmt das nicht.
Der Beste bringt es in seinem Leben höchstens auf 1,9 oder 1,8. Wenn einer weniger
erreicht, will ich mich nicht wundern. Wenn
einer sich bemüht und sein Bestes gibt, will
ich das anerkennen, auch wenn das Ergebnis
nicht wie erwartet ist. Was unserer Welt fehlt,
sind Menschen, die nicht in die Luft gehen,
wenn du einen Fehler machst. Für mich
brauchst du nicht hundertprozentig zu sein.
Keine Fehler machen nur Leute, die nichts tun.

→ „wo gehobelt wird, wachsen
Späne"

Ein Fest feiern

Wir brauchen Feste. Das Einerlei der Tage wird unterbrochen. Ein Fest braucht nicht teuer zu sein, um ein herrliches Fest zu werden. Wo Menschen in Freundschaft miteinander erzählen und spielen, essen und trinken, dort ist immer ein Fest. Jeder trägt zum Fest bei, und jeder freut sich an der kleinsten Gabe, weil jeder darin die Liebe spürt.

Das Fest ist tot, wenn Leute mit scheinheiligen Mienen zusammensitzen, die sich in Wirklichkeit nicht ausstehen können. Feste kann man nur mit Menschen feiern, die man gern hat. Das Fest feiert die Freundschaft unter den Menschen, die Liebe, das fröhliche Zusammensein von denen, die sich gern haben.

Einfache Feste sind einfach schöner.

Jeder Tag ist neu

Du bist kein Mensch mehr, wenn das High-tech-Zeitalter dich zu einem Roboter gemacht hat. Er muss nur gut funktionieren, und so musst du nur viel produzieren und profitieren und dann möglichst viel konsumieren und dich zu Tode amüsieren.

Jeden Morgen dankbar sein für den neuen Tag. Haben wir Angst vor dem Leben? Fällt es uns zu schwer? Oder langweilen wir uns zu Tode? Fallen wir abends ins Bett mit dem Seufzer: „Gott sei Dank, der Tag ist vorbei"?

Morgens geht die Sonne auf,
Aufwachen.
Aufstehen.
Mensch werden.

Kosmetik für die Seele

Schönheitsinstitute arbeiten mit tausend Mitteln, um die Fassade der Menschen auf Hochglanz zu bringen. Eine teure Kunst. Auf Zeit! Denn unerbittlich naht das Verfallsdatum. Versuch eine neue Methode. Sie kostet nichts und wirkt trotzdem: freundliches Lächeln. Es geht nicht um das künstliche Lächeln, das aufgesetzt wird, um Kunden zu gewinnen. Es geht um das Lächeln, das aus innerem Frieden kommt, aus der Freude eines guten Herzens. Auch wenn deine Nase kurz oder lang, spitz oder platt geraten ist, wenn du Falten oder Sommersprossen hast, wenn dein Haar grau geworden ist: Durch Lächeln leuchtet dein Gesicht, und das macht dich für jeden schön.

Es gibt Sterne

Manchmal fühlst du dich wie ein Vogel im Käfig, du sitzt mit gebrochenen Flügeln. Alles ist dunkel, wie in einer schwarzen Nacht. Aber dein Geist ist stärker als dein Leib. Er zündet wieder ein Licht an, vielleicht nur ein winzig kleines Licht. Aber du kannst doch wieder ein wenig sehen. Und dann sind Freunde, Freundinnen da, die dich mit dem Leben versöhnen. Dein Mann, deine Frau, deine Kinder: Sie alle brauchen dich und dein Lächeln, deine Gegenwart, deine Zuneigung.

In jeder Nacht sind so viel Sterne! In jedem Stern ist so viel Licht! Auch wenn es ganz dunkel wird, werden wir noch immer einen Weg finden und können zum Weg werden für jene, die keinen Weg mehr sehen.

Wenn nachts die Lichter ausgehen und der Lärm der Welt verstummt, dann sehen wir die Sterne, dann hören wir wieder die Stille.

Es gibt Sterne in der Nacht, die wir noch nie gesehen haben. Wenn es noch dunkler wird, dann fangen sie an zu leuchten. Hoffnung ist da, ein Ausweg, denn du siehst weiter. Du schaust wieder nach oben.

Nähe

Zum Leben gehört nicht nur, dass wir zu essen und zu trinken haben. Genauso lebensnotwendig ist, dass wir angeschaut und angesprochen werden. Von Kindheit an sehnen wir uns nach freundlichen Worten, zärtlicher Berührung. Diese Sehnsucht nach Nähe bleibt bis an unser Lebensende. Je länger Menschen diese Nähe entbehren müssen, desto bitterer werden sie. Manchmal wirkt da schon ein verständnisvolles Wort Wunder. Menschen wahrnehmen und Wege zu ihnen finden, dass sie spüren: Ich bin nicht vergessen. Bei aller Nähe, die wir einander schenken, wir stoßen an Grenzen. Ein Gespräch geht nicht endlos, und wer einen Besuch macht, muss einmal Abschied nehmen. Wir sehnen uns nach einem Du, das uns nicht verlässt. Es ist uns näher, als wir ahnen. Es sagt: Selbst wenn eine Mutter ihr Kind vergessen könnte, ich vergesse dich nicht.

Erinnerungen

Eine Muschel, eine getrocknete Rose, ein abgegriffener Teddybär, eine vergilbte Postkarte, ein altes Foto – alles keine Wertgegenstände, und dennoch hängen wir an ihnen. Sie erinnern uns an Ferienfreuden, an eine Begegnung voller Liebe, an die Kinderjahre, an Vater und Mutter, an eine lebensentscheidende Stunde. Erinnerungen. Kostbare Erinnerungen sind durchzogen von goldenen Fäden der Liebe. Sie sind wie ein Geländer von der Vergangenheit in die Zukunft, Halt gebend und Weg weisend. Es gibt aber auch andere Erinnerungen: Misserfolge, die wir erlebt haben, Verletzungen, die uns angetan wurden, Versagen, das wir uns eingestehen müssen. Manchmal hilft es, mit erfahrenen Menschen über das zu sprechen, was uns derart belastet. Manchmal erfahren wir auch: Gerade meine schwersten Erinnerungen werden die kostbarsten.

Sehnsucht

Menschen sind Wesen der Sehnsucht. Sie lieben das Licht der Abendsonne, den blauen Schimmer ferner Berge, die Weite des Meeres. Sie sind wie Brieftauben, die man von ihrer ursprünglichen Heimat weg in ein fernes Land gebracht und dort freigelassen hat. Nun treibt sie ein rätselhafter Drang zum Ort ihres Ursprungs. Sie bleiben unterwegs. Die Sehnsucht gibt ihren Flügeln Kraft, allen Hindernissen und Widerständen zum Trotz. Eine ähnliche Kraft begleitet auch uns. Während der Alltag uns nahelegt, in handfesten Dingen letzte Erfüllung zu suchen, genügt das der grenzenlosen Sehnsucht nicht, die in jedem Menschen lebt. Sie ist eine geheimnisvolle Quelle der Kraft. Sie trägt auch durch die Schlechtwetterperioden des Lebens. Selbst wenn wir ganz unten sind, richtet sie uns wieder auf. Gerade dann lässt sie uns Flügel wachsen.

Du bist ein Engel

Engel sind Menschen, die Licht weitergeben. Wo sie sind, wird alles hell und klar.

Engel sind Menschen, die eine ursprüngliche Freude aus dem Paradies mitbekommen haben.

Engel helfen auf die Beine, wo Menschen am Boden sind, und halten auf unsichtbare Weise die Welt im Lot. In ihnen spürst du ein wenig das Geheimnis einer unergründlichen Güte, die dich umarmen will.

Engel kommen nicht auf Bestellung oder gegen Bezahlung. Meist tauchen sie ganz unverhofft auf, zeigen den Weg, und sind, ohne auf Dank zu warten, wieder weg.

Gott ist auf der Suche nach Engeln unter den Menschen.

Komm, du bist ein Engel!

Für die Freude gemacht

Mensch, du lebst nicht für das Geld,
du bist nicht für den Markt da.
Du bist gemacht, um Mensch zu sein.
Du bist geschaffen für das Licht,
für die Freude, um zu lachen und zu singen,
um in Liebe zu leben und um da zu sein
für das Glück anderer Menschen.
Du bist geschaffen nach dem Bild
eines Gottes, der Liebe ist.
Mit Händen, um zu geben,
mit einem Herzen, um zu lieben,
und mit zwei Armen, die gerade so lang sind,
um einen anderen zu umarmen.

3

Das Maß des Herzens heißt: Liebe

Spontane Liebe

Liebe darf man nicht mit der Goldwaage abwiegen! Nicht vorher ausrechnen, wie viel man geben soll, wie weit man gehen soll mit der Liebe. Lass deine Liebe ungezwungen sein. Liebe, die man misst und wiegt, ist keine Liebe, sondern Berechnung. Die Tage vergehen eintönig wie eine endlose Bahnfahrt. Mit solcher Liebe wirst du nicht glücklich.

Spontane Liebe ist etwas Fantastisches. Spontane Liebe zu deinem Partner, zu deinen Angehörigen, zu einem einsamen Kind auf der Straße, zu einem Menschen, der leidet, zu einem, der am Rande der Gesellschaft lebt. Spontane Liebe ist eine Gabe, die dich in den Himmel der Freude bringt.

Wesentlich

Ein Fisch auf Entdeckungsreise im Meer wird als letztes das Wasser entdecken. So ist es auch mit uns Menschen. Die einfachsten Dinge unseres Lebens machen wir uns am wenigsten bewusst. Aber es sind die wesentlichen.

Wer Menschen froh machen will,
muss Freude in sich haben.

Wer Wärme in die Welt bringen will,
muss Feuer in sich tragen.

Wer Menschen helfen will,
muss von Liebe erfüllt sein.

Wer Frieden auf Erden schaffen will,
muss Frieden im Herzen gefunden haben.

Zusammen unterwegs

„Mensch, ich hab dich gern!" Du bist so verletzlich wie ich und ebenso allein wie ich. Du
gehst denselben Weg zum selben Ziel und
Ende. Gehetzt, gelassen, glücklich, ängstlich,
ich weiß es nicht. Aber wir sind zusammen
unterwegs. Wir sind noch nicht da. Wir laufen
in dieser Welt herum wie in einem Super-
markt: sehen, aussuchen, nehmen, kaufen,
geben, wegwerfen. Es wird mit der Zeit ent-
setzlich langweilig.

Kennst du das Verlangen, alle in die Arme
zu schließen und glücklich zu machen? In uns
lebt ein ewiges Suchen nach dem Unend-
lichen, nach etwas, was uns ganz und für immer erfüllt. Aber alles, auch die schönste Begegnung, ist so vorläufig, dass es sehr tief
wehtun kann. Das tiefste Verlangen in uns –
Liebe zu geben und Liebe zu empfangen –
lässt sich nicht mit Dingen betäuben, die man
mit Geld bezahlen kann.

Freundschaft neu beleben

Der Himmel muss überall auf Erden beginnen, wo Menschen Freunde sind und Güte weitergeben. Aber an jedem Himmel gibt es Wolken. Ich bin nicht unentwegt gut aufgelegt. Freundschaften können vertrocknen wie Dörrobst. Kein Problem und kein Grund, Trübsal zu blasen.

Freundschaften sind wie trockene Pflaumen: ein bisschen Wasser, und sie werden wieder dick!

Das Maß des Herzens

Mehr als mit dem Verstand denkst du mit dem Herzen. Du siehst die Menschen und die Dinge mit dem Herzen. Was dein Herz mag, dafür wirst du dich einsetzen mit ganzem Kopf und aller Kraft. Lebensziele, Weltanschauung: Dein Herz wählt, wofür du kämpfst. Das Herz macht den Verstand hell oder finster. Ist das Herz voll von Misstrauen und Egoismus, dann findet der Verstand niemals einen Weg zum Frieden. Die Leute lieben sich nicht, und dann werden sie sich auch nicht einig. Alles, was sie erreichen: ein labiles Gleichgewicht der Machtinteressen, gestützt auf gegenseitiges Misstrauen. Friede, Freude, Glück in der Welt – das sind keine Geschäfte des Verstandes, das ist Sache des Herzens. Alles ist im Grunde faul, ist das Herz der Menschen nicht gesund. Die erste Aufgabe für alle Menschen: Kümmere dich ums Herz! Das wahre Maß des Herzens heißt: Liebe.

Voneinander abhängig

Wir Menschen sind voneinander abhängig, was unser tägliches Brot angeht, Kleidung, Wohnung, Arbeit und Erholung, abhängig bei allem, was man kaufen kann.

Doch viel mehr sind wir voneinander abhängig, was unser Glück angeht. Und hier ist mit Geld nichts zu machen.

Glück hat mit dem Herzen zu tun,
mit der Liebe,
und die gibt es nur umsonst.

Leben ist Leben mit anderen

Leben mit anderen Menschen heißt: Ihnen darf kein Leid durch mich geschehen. Ich kann sie annehmen, ich kann sie anerkennen, ich kann gut zu ihnen sein, ich kann mit ihnen teilen.

Mein Leben kann sich nur entfalten mit anderen. Ohne die anderen ist Glücklichsein eine Utopie. Durch tausend Fäden sind wir miteinander verbunden. Ein Leben hängt am anderen. Ich brauche die anderen nicht nur, weil ich auf sie angewiesen bin und sie so viel für mich bedeuten. Ich brauche sie auch, weil ich so viel für sie tun kann.

Ich habe Augen, um die anderen zu sehen, Ohren, um sie zu hören, Füße, um zu ihnen zu gehen, Hände, um sie ihnen zu geben, und ein Herz, um sie zu lieben.

Menschen haben ein Gesicht

Holz wird gespalten, Papier zerrissen, Glas zerschlagen. Mit Dingen kann man notfalls so umgehen, auch wenn es manchmal wehtut, zu sehen, wie die Dinge behandelt werden.

Aber mit Menschen kann nur umgehen, wer sie gern hat.

Vielleicht bist du in der Verwaltung und hast mit Akten zu tun, aber nie ahnst du dahinter ein menschliches Gesicht. Vielleicht arbeitest du in einem Betrieb, doch die Menschen um dich sind für dich nur ein Produktionsfaktor. Vielleicht bist du in einem Büro oder Geschäft, aber den ganzen Tag entdeckst du keinen Menschen, nur sprechende Puppen, ferngesteuerte Marionetten. Da hilft nur eins: Entdecke hinter jedem Gesicht den Menschen.

Tu etwas für dein Gesicht

Vergiss nicht, dass dein Gesicht für andere bestimmt ist, dass andere es anschauen müssen
und dass nichts so auf die Nerven geht wie
ein chronisch schlecht gelauntes Gesicht. Tu etwas für dein Gesicht. Nicht nur deinetwegen,
um dich selbst im Spiegel schön zu finden,
sondern vor allem wegen der anderen.

Die beste Gesichtspflege heißt nicht:
Hautcreme einreiben, Augenbrauen nachzie-
hen, Wimperntusche auftragen, Lidschatten
anbringen.

Tu etwas für dein Gesicht von innen. Lass
deine Güte durchscheinen, lege Fröhlichkeit
in deine Augen, entspanne deinen Mund zu
einem Lächeln.

Ermutigung

Nur in der Geduld wahrer Liebe können es Menschen beieinander aushalten. Liebe macht das Unmögliche möglich. Jeder wird gerufen, jeder wird gebraucht. Geh deinen Weg und werde nicht mutlos, auch wenn du kaum Erfolg siehst. Denk daran, dass die Saatzeit niemals zugleich Erntezeit ist.

Leg dir einen möglichst breiten Rücken zu, an dem Vorwürfe und Spott abgleiten, so wie Wasser an einem Bergrücken abfließt. Stell dich immer auf die Seite der Schwachen. Tu alles, was dir möglich ist, um das Leben lebenswert zu machen. Dazu bist du bestimmt.

Und wenn du müde geworden bist vom Laufen nach den Sternen, um den Menschen in der Nacht etwas Licht zu bringen, dann setz dich in der Stille nieder und lausche auf die Quelle.

Wenn du tief genug vordringst zum Kern der Dinge, dann bekommst du Augen, um unsichtbare Dinge zu sehen, und Ohren, um unhörbare Dinge zu hören.

Geborgenheit

Wie wahr

Jeder Mensch, der auf die Welt kommt, ist sein Leben lang auf der Suche nach Geborgenheit. Er will ein Zuhause finden, ein bisschen Sicherheit und menschliche Wärme. Wer keine Geborgenheit findet, ist ein Mensch, der sich nicht wohlfühlt in der eigenen Haut. Ein Kind braucht bei Vater und Mutter verlässliche Geborgenheit. Zwei Menschen suchen beieinander Geborgenheit. Der Grund aller Geborgenheit ist: Liebe. Du kannst nicht leben, wenn du keinen hast, der dich mag, der sich um dich sorgt, der etwas für dich empfindet, einen, dem du dich von Zeit zu Zeit anvertrauen kannst und bei dem du immer willkommen bist. Du kommst zwar mit vielen Menschen im Leben zusammen, aber es sind nur wenige, die in dein Leben eintreten und deren Leben mit deinem Leben ganz eng vertraut ist. Was für ein Segen, wenn es gute Menschen sind.

Die Weisheit der Kinder

Wenn Erwachsene sich unterhalten, geht es oft um Zahlen. Wollen sie einen kennenlernen, dann fragen sie, wie viel er besitzt, wie viel er verdient, wie viele Titel er hat, wie viele Beziehungen. Geht es um ein Haus, dann sagen sie bloß: „Eine Million", und schon können sie es sich vorstellen. Schon wissen sie, was für ein Haus das ist. Wenn man Kindern von einem Freund erzählt, fragen sie: „Wie ist er so? Kennt er gute Geschichten? Kann man mit ihm spielen?" Geht es um ein Haus, dann fallen ihnen besondere Dinge auf: die Farbe an der Wand, die Vögel auf dem Dach, der Weg zum Spielplatz. Wenn Kinder auftauchen, bekommt alles ein frisches Gesicht voller Farbe, Wärme, Leben. Große Leute verstehen nichts davon. Sie sind nun einmal so. „Darum müssen Kinder mit den Großen viel Geduld haben", sagt der Kleine Prinz.

Liebe ist nicht
wie Sommersprossen

Liebe ist nicht wie Sommersprossen, die der eine bekommt und der andere nicht, ohne dass beide etwas dafür können.

Liebe ist kein Luxusartikel für Softies und Leute ohne Biss. Liebe ist nicht schwach und nicht blind.

Liebe ist nicht die negative Haltung: Ich tue ja nichts Schlimmes. Liebe ist keine passive Verträglichkeit. Kein Prüfen des anderen, ob er wohl der Liebe wert ist.

Lieben heißt: konkrete Menschen lieben, so wie sie sind. Jeden Tag, auch wenn der tägliche Umgang manchmal furchtbar schwer werden kann, auch wenn Antipathien und Enttäuschungen allen guten Willen zu ersticken drohen. Menschen deshalb lieben, weil sie so nett sind, kann leicht mit einer Katastrophe enden. Denn Menschen sind nicht immer so liebenswert, dass man sie von selber gern hat.

Liebe ist nicht zu verwechseln mit Sentimentalität oder Almosen aus Gnade und Barmherzigkeit. Liebe hat nichts zu tun mit der Solidarität in mächtigen Gruppen und Parteien, wo man nur sich selbst und seinesgleichen hilft.

Liebe heißt: konkrete Menschen lieben, nicht die abstrakte Menschheit. Menschen, die uns brauchen und denen wir beistehen können. Menschen, denen wir Trost und Mut schenken können. Menschen, die wir glücklich machen können.

In der Ökonomie der Liebe
muss man mehr geben,
als man besitzt.
Man muss sich selbst geben.

Zauber des Anfangs

Aller Anfang ist schwer. Sich die Zukunft ausmalen, Vorsätze fassen, Gesundheit und Erfolg wünschen, das ist leicht. Aber der erste Schritt fällt oft schwer. Weit ist der Weg vom Luftschloss auf den Boden der Wirklichkeit.

Aller Anfang ist schön. In ihm ist schon das Ende enthalten wie in einer Knospe. Am Anfang von allem steht nicht eine unendliche Leere, sondern eine unendliche Liebe.

Alles, was wir von der Liebe wissen, ist, dass die Liebe alles ist, Anfang und Ende. Das Beste, was wir in dieser Welt tun können: der Liebe vertrauen und anfangen – zu lieben.

Liebe ist wie die Sonne

Wer die Liebe hat, dem kann viel fehlen.

Darum: Halte die Liebe fest!

Wenn die Liebe in deinem Leben untergeht, werden die Schatten größer, und du gerätst immer tiefer in eine Nacht.

Hast du die Liebe, kann dir viel fehlen. Dann macht es dir nicht viel aus, zu verzichten zugunsten von Glück und Freude anderer. Dann hast du keinen Bedarf an Reichtum und toten Dingen.

Die Liebe ist wie die Sonne.

Wer sie hat, dem kann viel fehlen.

Aber wem die Liebe fehlt, dem fehlt alles.

Zärtlichkeit

Jeder Mensch fängt klein und zart an, und er bleibt sein Leben lang verletzlich. Jeder Mensch fühlt sich wohl, wenn er Wärme spürt, eine zärtliche Berührung. Menschen sind empfindlich. Schon ein hartes Wort, ein ungerechter Vorwurf kann tiefe Wunden hinterlassen. Manchmal reagiert sogar das größte Raubein wie eine überempfindliche Mimose.

Zärtlichkeit ist nicht Kraftlosigkeit, sondern sanfte Energie. Zärtlichkeit ist kein verkappter Egoismus, sondern Wahrheit, verbunden mit Wärme. Zärtlichkeit ist nicht gefühlvolle Aufdringlichkeit, sondern das Fingerspitzengefühl, das bei aller Nähe um Abstand weiß und die Freiheit des anderen wahrt. Zärtlichkeit ist eine Kunst. Sie gehört zur Kunst des Lebens und des Liebens.

Liebe ist ...

Liebe ist Licht,
ohne einander zu blenden.
Liebe ist einander nahe sein,
ohne einander zu besitzen.
Liebe ist Wärme geben,
ohne einander zu ersticken.
Liebe ist Feuer sein,
ohne einander zu verbrennen.

Geschenke

Es ist eine große Kunst, richtig zu schenken, und eine noch größere Kunst, Geschenke richtig anzunehmen. Vielleicht ist es eine Kostbarkeit, die du bekommst, vielleicht ist es auch nur eine Kleinigkeit. Auf jeden Fall hat sich jemand Gedanken gemacht, hat etwas sorgsam ausgesucht und eingepackt in der Hoffnung, dich damit zu überraschen und dir eine Freude zu machen. Freundschaft ist das schönste und kostbarste Geschenk, der Sinn aller Geschenke, die Menschen einander geben.

Ist dein Geschenk ein Zeichen der Freundschaft, dann magst du es in farbenfrohe Papiere und mit bunten Bändern einwickeln.

Aber die Freundschaft lass frei, wie einen Schmetterling, der mit leichten Flügeln von einem Herzen zum anderen fliegt.

Gedächtnis

Es gibt ein Gedächtnis, das hängt mit dem Kopf zusammen. Der eine behält leichter, der andere vergisst schneller.

Und es gibt ein Gedächtnis, das hat viel tiefere Wurzeln. Die Wurzeln dieses Gedächtnisses sitzen im Herzen.

Das Gedächtnis des Herzens heißt Dankbarkeit.

Trost

Ohne Trost kannst du nicht leben. Trost hat nichts zu tun mit einer Flut von Worten. Trost ist wie eine heilende Salbe auf einer Wunde. Trost ist wie eine Oase in einer ausgetrockneten Wüste. Du kannst wieder glauben, dass das Leben weitergeht.

Trost ist wie eine Hand, die dich zärtlich berührt. Du kannst wieder ruhiger werden, wieder hoffen.

Trost ist wie ein gütiges Gesicht in deiner Nähe. Bei dir ist jemand, der deine Tränen versteht, der auf dein ängstliches Herz hört, der bei dir bleibt in der Nacht und dich hinweist auf die ersten Sterne.

Sei sanft!

Du weißt, wie klein, wie arm, wie einsam die Menschen sind, wie empfindlich und verletzlich. Du weißt, dass es Tränen gibt, und keiner kann trösten. Du weißt, es gibt kaum größere Traurigkeit als in einem Herzen, das keiner versteht. Du weißt, für manche Menschen ist das Leben einfach nur eine Qual. Tu dein Bestes, um die Menschen zu begreifen, um zu helfen. Sei nicht hart, sei auch nicht hart in deinem Urteil. In der Sanftmut liegt viel Trost für Menschen in dieser frostigen Zeit.

Sei sanft! Dann wirst du selbst glücklich sein. Du wirst ein Herz haben, das alle Menschen in die Arme schließt.

Du weißt nicht,
was du tun sollst

Du begegnest einem alten Menschen. Seine Gesundheit ist verbraucht, die Rente zu klein, und er kann sich allein nicht mehr helfen.

Du siehst einen Menschen, der behindert ist, und nicht darüber hinwegkommt, oder schwer krank, ohne Hoffnung auf Heilung, vor lauter Schmerzen möchte er weinen.

Du triffst einen Menschen, der verzweifelt ist über das, was er angerichtet hat oder was ihm angetan wurde, der keinen Ausweg mehr sieht und in dem nur noch Nacht ist.

Du weißt nicht, was du tun sollst.

Suche nicht nach großen Worten.
Eine kleine Geste genügt.

Gegen Wut hilft – Liegen

Mit Schimpfwörtern kann man problemlos
ein Wörterbuch füllen (Mit Wörtern der Sanftmut wahrscheinlich höchstens ein paar
Seiten). Gehst du leicht in die Luft? Packt dich
schnell die Wut?

Ein Wutausbruch ist wie ein Erdbeben. Alles
gerät ins Wanken. Hände werden zu Fäusten.
Das Herz schlägt schneller, die Stimme über-
schlägt sich, alle Muskeln spannen sich zum
Kampf. Adrenalin schießt durch den Körper.
Wut erhöht den Blutdruck.

Du merkst, dass du wütend wirst? Sieh zu,
dass du dich schnell hinsetzt. Noch besser ist
Hinlegen.
Es ist sehr schwer, wütend zu werden
– im Liegen.

Ein Weg zur Befreiung

Wie sehe ich die Fehler bei meinem Mann, bei meiner Frau, meinem Vater, meiner Mutter, meinen Kindern? Die Fehler meines Kollegen, meines Mitarbeiters, meines Nachbarn? Versteh mich recht. Fehler von Menschen, die ich nicht kenne, Fehler, die mich nicht verletzen und schmerzen, um die geht es nicht. Sondern um die Fehler und Schwächen der Menschen, die mir nahe stehen, mit denen ich täglich lebe und arbeite. Wenn ich nur darauf lauere, um auf ihnen herumzuhacken, dann wird es höchste Zeit, dass ich in mein eigenes Herz sehe. Dann stimmt etwas nicht mit meiner Liebe. Ich brauche nicht blind zu werden für die Fehler der anderen. Aber wenn ich wirklich liebe, sehe ich nicht so viele Fehler und Schwächen. In dieser Hinsicht ist Liebe immer ein bisschen blind. Aber wenn sie verkümmert, geht auch diese sympathische Blindheit verloren. Das unvermeidlich

Menschliche stört mich mehr und mehr – bei den anderen. Die Fehler nehmen zu. Es sieht so aus, als ob sie jeden Tag ein Stück wachsen würden.

Nichts kann dich so belasten, wie die Unfähigkeit zu vergeben. Nichts quält dich mehr. Da hat dir einer Unrecht getan, etwas Böses, und in deinem Innern bist du allmählich kälter, härter geworden. Du bist nicht mehr derselbe. Deine Zuneigung ist umgeschlagen in Ablehnung, deine Sympathie in Antipathie. Wo eine Verbindung war, ist jetzt ein Bruch. Freundschaft wurde zu Feindschaft. Und du leidest darunter. Du fühlst dich gefangen. Die Rollläden sind herunter. Die Sonne bleibt draußen. Das Leben wird schwer wie Blei. Im Tiefsten deines Herzens sehnst du dich nach Befreiung.

Da gibt es nur einen Weg: Vergebung. Das kostet viel, ich weiß, aber es ist seinen Preis wert. Vergeben heißt neues Leben und neue Freude wecken. Vergeben schafft neue Möglichkeiten in dir selbst und in den anderen.

Das schönste Geschenk

Ich kenne viele Menschen. Manche haben mir ihre Geheimnisse erzählt. Und ich habe gelernt: keine zwei Menschen sind gleich. Jeder ist eine Welt für sich, deren tiefster Kern anderen fremd bleibt. Nur wenn ich begriffen habe, dass der andere anders ist, ist Zusammenleben möglich.

Hast du Frieden, Frieden mit deiner Familie, deiner Nachbarschaft, deinen Arbeitskolleginnen und -kollegen? Oder hat es Streit gegeben? Sind da Menschen, die dir Unrecht getan und dich tief verletzt haben? Dann ist in deinem Innersten eine große offene Wunde.

Ich möchte dich um etwas bitten, was sehr schwer ist: Schenk Vergebung! Sag nicht: „Das ist unmöglich. Ich habe für den anderen alles gemacht und getan und alles gegeben. Jetzt ist Schluss."

Du gibst erst alles, wenn du Vergebung schenkst. Was ich am schwersten geben kann, muss ich als Erstes geben: vergeben.

Es gibt günstige Gelegenheiten, Frieden zu schließen, Streit auszuräumen. Ich habe so oft Gelegenheit, ein Geschenk zu machen, ein Kärtchen zu schicken, jemanden einzuladen zum Zeichen, dass ich ihm wieder gut sein möchte. Wenn der erste Schritt – der schwerste – gemacht ist, wird der Rest ein Fest. In der Vergebung schließen sich die Wunden, und die Liebe blüht auf.

Wenn wir daran denken, was Menschen alles mit Menschen machen, was Menschen alles mitmachen, dann gibt es keinen anderen Weg zum Frieden als Vergebung. Jedes Wort und jede Geste, die Vergebung schenkt, trägt zum Frieden unter Menschen bei. An der Tür, die die Vergangenheit schließt, steht nur ein Wort: Vergebung.

Das Fundament von allem

Mehr als ein schön eingerichtetes Haus, mehr
als einen reich gedeckten Tisch, mehr als eine
gute Gesundheit braucht der Mensch Liebe.
Wo Platz für das Herz gemacht wird, steht der
kleine Mensch in der Mitte. Der Mensch ist
die Mitte des sozialen, politischen, wirtschaftlichen Lebens. Wenn das Herz nicht schlägt,
bleibt alles tot. In der Welt, wie Menschen sie
bauen, steckt ein Fehler. Es wurde etwas vergessen, etwas Grundlegendes, das durch
nichts zu ersetzen ist. Man kann ein perfektes
Sozialsystem organisieren, aber es bleibt sinn-
los und tot, wenn in den Büros kein menschliches Herz zu spüren ist. Wir haben keinen
Mangel an Sachverstand, sondern einen großen Mangel an Liebe. Liebe ist das Funda-
ment von allem glücklichen Zusammenleben.
Nur in der Liebe kann sich auch der kleinste
Mensch sicher und geborgen fühlen.

4

Die Kunst des Lebens

Die Kunst des Lebens

Ich liebe die Menschen, die um mich leben.
Ich liebe die Freude,
so kommt die Freude zu mir.
Ich liebe die Freundschaft,
so pflücke ich Sterne.
Und so ist mein Tag voller Seligkeit.
Ich brauche nichts zu besitzen,
um an allem Freude zu haben.
Es gibt so viele Überraschungen,
so viel Gutes,
wenn ich auf die kleinen Dinge schaue
und auf die kleinen, die einfachen Menschen.
Es gibt so viele Wunder,
die ich entdecken kann mit offenen Augen
und mit geschlossenen Augen.

Es liegt in allen Dingen
eine Erinnerung
an das verlorene Paradies.

Ich bin nur ein kleiner Kobold

Ich bin nur ein kleiner Kobold, der dir in den Ohren liegt, wenn du an deinem Tisch sitzt, zum Essen, bei Besprechungen, hinter deiner Zeitung, vor deinem Fernseher, wenn die Götter von heute dir den Kopf verdrehen. Ein kleiner Kobold, der dir in den Ohren liegt mit der stummen Frage nach dem Herzen.

Ich bin nur ein kleiner Kobold mit einem kleinen Saatkorn in der Hand, um es in dein Herz zu legen, so wie ein Bauer an das Saatkorn glaubt, das er in gutes Erdreich sät. Es kommt Regen, und es kommt Sonne. Es kommt Unwetter, und es kommt Sturm. Das Saatkorn sieht die Ähre nicht. Ich glaube an den Unsichtbaren, der aus einem Korn tausend Körner macht. So viel weiß ich aber: Ein gutes Wort kann viel bedeuten: Es kann Neues entstehen lassen. Es kann ein Stern sein, der vom Himmel fällt. Wenn ein Wort das Herz erreicht, wird das Herz verwandelt.

Fliegen lernen

Von Zeit zu Zeit musst du lernen,
blind zu fliegen wie Piloten im Nebel.
Du weißt, was du gewöhnlich zu tun hast.
Tu es blindlings.
Ohne zu denken. Ohne zu grübeln.
Vertrau auf die Führung eines anderen.
Hab Geduld – auch mit dir selbst.

Jeder hat mal
einen schlechten Tag

Jeder hat mal einen schlechten Tag. Da läuft nichts, da geht alles schief. Vielleicht hast du schon Tage erlebt, an denen du das ganze Leben satt hattest. Wenn alles schiefgeht, wenn sich nirgendwo ein Lichtblick zeigt, dann fühlst du dich völlig am Ende. Du kannst so verzweifelt sein, dass du diese ganze Welt und dieses ganze Leben, dass du alles verfluchen möchtest.

In solchen Augenblicken darfst du niemals eine Entscheidung treffen. Hab Geduld mit dir selbst und warte, bis du wenigstens eine Nacht ein bisschen geschlafen hast. Es gibt gute und schlechte Tage. Gute Tage gehen vorbei, das weißt du, aber schlechte Tage gehen auch vorbei!

Komm heraus!

Manche Menschen erinnern mich an ein Haus mit dem Schild „Zutritt verboten". Wenn ich ihr Gesicht, ihre Augen, ihre ganze Haltung sehe, dann muss ich an verriegelte Türen und verschlossene Fensterläden denken. Manche Menschen leben wie in einem Gefängnis, in dem sie sich selbst eingesperrt haben. Ich möchte ihnen gern sagen: Komm heraus aus dir selbst, aus deinem eigenen Ich. Öffne die vergitterten Fenster und die verriegelten Türen. Öffne dich für das Geheimnis des Lebens, für das Wunder, dass du lebst. Du hast zwei Augen, kostbar wie Diamanten, und einen Mund, um zu pfeifen, und eine Gesundheit, die ist nicht zu bezahlen. Du hast eine Sonne am Himmel und ein Dach überm Kopf. Und du hast Menschen, die du lieben kannst.

Optimisten werden überleben

Deine Stimme klingt müde, und deine Augen leuchten nicht. Angst verbraucht Energie, sehr viel Energie. Angst legt heute die Kräfte lahm, die wir morgen brauchen. Du bist dazu geboren, um zu lieben, um Geborgenheit zu genießen und Geborgenheit zu schenken.

Sag nicht, das seien leere Worte. Lebensfreude und Geborgenheit sind kein Zuckerguss, der uns über die Bitterkeit des Lebens hinwegtäuschen soll. Lebensfreude und Geborgenheit fallen uns nicht von selbst in den Schoß. Wir finden sie nicht an der Oberfläche des Lebens. Wir müssen durch alle Schwierigkeiten hindurch weitersuchen und weitergehen bis in die Tiefen unseres eigenen Herzens.

Wo findet man glückliche Menschen? Unter den Optimisten.

Sie verstehen sich aufs Glücklichsein, weil sie es verstehen, die guten Seiten des Lebens zu sehen. Noch nie traf ich einen glücklichen Pessimisten. Pessimisten sitzen im Nebel. Alles ist grau, sie sehen nicht durch.

Optimisten machen ihre Fenster auf für das Licht, für die Sonne. Sie wissen, dass bei den Menschen viel Dunkel ist. Aber selbst in den dunkelsten Nächten entdecken sie Sterne.

Optimisten glauben an das Gute. Sie sind der Beweis, dass der Mensch mehr ist als eine Nummer in einer großen Masse, mehr als ein Rädchen in einem Riesenapparat. Sie glauben an Freundschaft unter den Menschen. Sie verbreiten eine Atmosphäre des Vertrauens.

Nur die Optimisten werden überleben.

Lass das Auto stehen!

Lass das Auto einmal stehen, vor allem, wenn das Wetter schön ist. Zu Fuß gehen verändert dein Leben. Herz, Lungen, Beine werden dir dankbar sein. Der Kreislauf bleibt im Schwung. Frische Luft macht einen klaren Kopf. Du begegnest wieder Menschen. Genieße das Gespräch, das Lachen und das Spielen mit Kindern. Gib die Straße den Menschen zurück, den Kindern und den alten Leuten.

Plädoyer für Frühaufsteher!

So viele Menschen sehen schrecklich müde aus. Widerstrebend gehen sie in den neuen Tag. Lauter lustlose Gesichter. Was die Sonne für den Tag und das Grün für den Frühling und die Kälte für den Winter, das ist der Schlaf für die Nacht. Du bist ein Stück Natur, ihr Lebensrhythmus ist in dir. Dieser Rhythmus wird zerstört, wenn du regelmäßig die Nacht zum Tage machst, um tags beim Sonnenschein zu schlafen. Dann erlebst du niemals das Wunder des neu anbrechenden Tags, den frühen Morgen mit dem ersten Licht und der herrlich frischen Luft und den stillen Straßen. In der Morgenfrühe singen die Vögel, später beginnen die Menschen mit Lärm. Wer morgens schläft, verschläft die schönste Zeit des Tags.

Ebbe und Flut

Seltsames, unbegreifliches Menschenleben. Jahr um Jahr, Tag um Tag bewegst du dich zwischen Menschen und Dingen. Es gibt Tage, da scheint die Sonne, und du weißt nicht warum. Du bist zufrieden. Du siehst die guten, schönen Seiten des Lebens. Du lachst, du bist dankbar, du möchtest vor Freude springen. Die Arbeit geht dir von der Hand. Alle sind freundlich zu dir. Du weißt nicht warum. Vielleicht hast du gut geschlafen. Vielleicht hast du einen guten Menschen gefunden und fühlst dich verstanden. Du denkst: So soll es bleiben, dieser Friede, diese tiefe Freude.

Doch auf einmal ist alles anders. Als ob eine überhelle Sonne die Wolken anzieht – derart fällt Trauer über dich, unerklärlich. Dir erscheint alles schwarz. Dir fällt alles schwer. Du traust dir nichts mehr zu und verlierst allen Mut. Du denkst, alle anderen mögen dich nicht mehr und halten nichts mehr von dir.

Überall findest du Gründe, um zu klagen und anzuklagen. Du denkst: So wird es immer weitergehen, dieser Zustand wird sich nicht mehr ändern. Und du weißt nicht warum. Vielleicht bist du müde. Du weißt es nicht.

Warum muss das so sein? Weil ein Mensch ein Stück Natur ist, mit Frühlingstagen und Herbsttagen, der Wärme des Sommers und der Kälte des Winters. Weil der Mensch dem Rhythmus des Meeres folgt: Ebbe und Flut. Weil unser Dasein eine ständige Wiederholung ist von Leben und Sterben.

Wenn du das begreifst, kannst du wieder weiter mit Mut und voller Vertrauen. Wenn du Ja sagst zum Rhythmus des Lebens, wenn du ihn annimmst, wirst du durch sein Auf und Ab zu immer größerer Lebenstiefe finden.

Frühling

Wenn der Frühling unaufhaltsam naht, herrscht Aufbruchstimmung. Alles sehnt sich nach Licht und Wärme. Alles ist voller Erwartung. Und dann kommt es wie im Märchen: als ob der Himmel die Erde küssen würde.

Überall regt sich neues Leben. Die Schöpfung legt ein Brautkleid an aus tausend wunderbaren Blumen. Es ist, als ob ihr jemand in aller Stille zuflüstern würde: Ich hab dich gern.

Was der Himmel der Erde ohne Worte sagt, das flüstert er auch dir in aller Stille zu: Mensch, ich hab dich gern. Das ist die Botschaft, die der Frühling für dich hat. Lass sie dein Herz durchdringen! Dann herrscht auch bei dir Aufbruchstimmung.

Sommer

Sommerzeit ist Ferienzeit und Zeit der Reisen. Auch wer zu Hause bleiben muss, kann sich eine reiselustige Fantasie bewahren. Menschen bekommen Flügel und fliegen weit weg. Weg vom Zwang der Arbeit, weg vom Trott des Alltags, weg vom erschöpften Leben. Endlich einmal frei sein! Endlich nach Herzenslust ausruhen, Schönes sehen, Neues erleben, etwas gemeinsam unternehmen, neue Freundschaften schließen. Ferien: ein Weg, auf die Stimmen der Natur zu hören, des Windes, der Stille. Auf diesem Weg kommt uns ein Gefühl entgegen, das uns im Lärm der Städte und in der Hektik des Alltags verloren ging: das Gefühl, glücklich zu sein. Wer sich auf die Stille einlässt, wird tief im Innern eine geheimnisvolle Stimme hören, fremd und doch vertraut. Im Zwiegespräch mit dieser Stimme kommen wir zu uns selbst.

Herbst

Der Herbst fängt an. Ich sehe es im Garten, an den Bäumen und Büschen. Ich spüre es an der Luft. Der Sommer ist unwiderruflich vorbei. Gegen den Herbst ist kein Kraut gewachsen. Aber der Herbst ist schön und kann so reich an Farben sein. Die letzten Freuden des Lebens sind stiller, aber auch tiefer. So will ich den Herbst ruhig zu mir kommen lassen. Es ist die Zeit, in der ein Getreidekorn, eine Saatkartoffel, ein Fruchtkern und ein jedes Samenkorn abstirbt, damit im Frühling aus ihm neues Leben wächst. Bei allem, was ein Mensch zum Leben bringt, soll er immer darum wissen, dass er daran stirbt, Leben zu geben. Sich damit zu versöhnen ist wahre Lebenskunst. In der Zustimmung zu diesem Sterben liegt die reichste Frucht verborgen, die Frucht tiefer Freude am Leben.

Winter

Im Winter kann es draußen höchst ungemüt-
lich und kalt sein. Viele Leute jammern jeden
Tag darüber. Manchmal bringt die Kälte wirklich Not über Menschen. Und was machst du?
Bei kaltem Wetter zeige dein warmes Herz!

Schlimmer als Kälte von außen ist ein kaltes
Herz. Kalte Herzen machen unsere Welt zu ei-
ner Eiswüste. Da kann kein Mensch leben, ein
Zuhause finden und sich wohlfühlen. Um
Mensch zu werden, brauchen Menschen
Wärme und viel Liebe. Lass keinen in der Kälte
stehen.

Im Dunkel und der Kälte einer Winternacht ist
einer in die Welt zu allen Menschen gekom-
men, der mit seinem ganzen Leben Licht und
Wärme sein wollte. Weihnachten ist das Fest
eines hilflosen Kindes, einer leeren Krippe,
einer Familie, die auf der Straße steht.

Vertrauen schafft Hoffnung

Schöne Bescherung sagen wir manchmal, wenn wir eine böse Überraschung erleben. Alles sah gut aus und fing gut an. Und dann kommt etwas Schlimmes dazwischen: ein grober Fehler, eine tiefe Enttäuschung, ein Zusammenstoß, eine Krankheit. Es geht nicht mehr weiter wie bisher, es scheint überhaupt nicht mehr weiterzugehen.

Wie gut, wenn in einer solchen Situation ein Mensch da ist, dem wir vertrauen, dem wir unsere Tränen anvertrauen können! Ohne viel Worte gibt er uns zu verstehen: Es ist noch Hoffnung da. Wir atmen auf und schöpfen neuen Mut. Es ist ein erster Schritt, die neue Lage wahrzunehmen und anzunehmen.

Hoffnung löst, was uns lähmt. Selbst wo kein Weg mehr ist, findet Hoffnung noch einen Ausweg.

Räum dein Leben auf!

Manchmal wollen wir an notwendige Dinge im unserem Alltag einfach nicht heran. Ob Abwaschen oder Aufräumen, ein nötiger Anruf, ein überfälliger Brief, eine zugesagte Arbeit, eine versprochene Hilfe: Wir haben einfach keine Lust dazu. Wir verschieben das auf morgen und morgen auf übermorgen. Und mit der Zeit wächst eine Zentnerlast.

Auf diese Weise machen wir uns unglücklich und umzingeln uns selbst mit ungeliebten Sachen. Es gibt ein Zauberwort: Sofort! Es hat verwandelnde Kraft. Es gibt viele Dinge, über die muss man nicht reden, die muss man nur tun. Jetzt.

Was vorher lästig und quälend war, ist hinterher Befreiung. Wir können unbeschwerter leben.

Etwas muss sich ändern!

Kommen Schwierigkeiten und läuft alles schief, dann heißt es sofort: „So darf das nicht weitergehen! Es muss anders werden." Und jeder tut sein Bestes, damit die anderen anders werden … Eine Mühe, die du dir sparen kannst. Etwas muss sich ändern? Ganz klar: Ich muss anders werden! Denn sehr viele Schwierigkeiten lassen sich nur so lösen.

Sich zu ändern, dazu ist man nie zu alt. Und wer schafft das? Wer seine Mitmenschen so gern hat, dass er ihnen mit seinen schlechten Angewohnheiten nicht auf die Nerven gehen möchte.

Das ist ein schweres Stück Arbeit, man braucht dazu einen langen Atem. Man ist nie zu alt dazu, doch wer zu lange wartet, dem könnte am Ende die Luft dazu ausgehen.

Etwas Schönes dazulernen macht Spaß.
Etwas Schlechtes verlernen macht Mühe.
Dinge verlernen, die sich eingefressen haben:
eine verkehrte Gewohnheit, ein hässlicher Pickel
in deinem Charakter, eine krumme Linie in
deinem Leben.

Nur Mut: Auch dumme Gewohnheiten lassen
sich verlernen.

Neun Schritte zum Glück

1. Halte dein Herz frei von Hass und Neid und allen dunklen Gefühlen, die dich heruntermachen und erniedrigen.

2. Befreie deinen Geist von allen überflüssigen Sorgen, von allem Grübeln über Dinge, an denen du doch nichts ändern kannst.

3. Lebe einfach und mit Maß, denn Gier zerstört die schönsten Gaben des Herzens und stürzt dich in geistiges Chaos.

4. Arbeite konzentriert und erwarte nichts Unmögliches.

5. Sorge für gesunde Nachtruhe.

6. Lache viel. Lass dein Gesicht von der Sonne erzählen.

7. Lass deine Gedanken mehr um andere als um dich selbst kreisen.

8. Sprich regelmäßig mit Gott.

9. Behandle deine Mitmenschen so, wie du selbst behandelt werden möchtest.

Das wär's. Ein kostenloses, aber probates Rezept. Versuche, das eine Woche lang durchzuhalten. Du wirst ganz schön staunen.

Gib dies Rezept an Freunde und Bekannte weiter.

Das Leben küssen

Arthur Miller schreibt in einem seiner Theaterstücke von einem Traum. Jemand träumt, das eigene Leben sei ein furchtbar entstelltes Kind: „Ich lief weg. Aber es kroch immer wieder auf meinen Schoß. Es zog an meinen Kleidern. Bis ich dachte: Wenn ich es küssen kann, kann ich vielleicht schlafen. Und ich beugte meinen Kopf über das entstellte Gesicht – und ich küsste es." Ja, ich glaube, dass du letzten Endes dein Leben in deine Arme nehmen musst, so wie es ist. Wenn du es einmal geküsst hast, wird es erträglicher. Mach dir keine Illusionen. Das Lebensglück ist keine durchgehende Vorstellung. Das große Glück kommt und geht und dauert meistens nicht lange. In der übrigen Zeit heißt es: daran denken und darauf warten. Umarme dein Leben. Nimm es, wie es ist. Heute. Um das Glück, das auf dich wartet, nicht zu verfehlen.

Die Weisheit des Clowns

Es gibt eine Menge Schwierigkeiten,
die gehören dazu: zum Leben, zum Beruf,
zur Ehe, zur Partnerschaft, zur Erziehung,
zum Reifwerden, zum Zusammenleben.
Die musst du hinnehmen, da musst du durch,
mutig, tapfer, ohne Diskussion.
Flüchtest du vor ihnen,
werden sie dich verfolgen,
werden sie dir schwer im Magen liegen.
Fällt dir das Leben einmal zu schwer,
mach es ein wenig wie ein Clown.
Er weint in seinem Herzen,
und dennoch spielt er lachend
für ein Kind auf der Geige,
um so von den Tränen seines Herzens
geheilt zu werden.

Versöhnt mit dem Leben

Wenn du müde bist, wenn du mit der Umgebung Krach hast, wenn du keinen Rat mehr weißt, wenn du dich todunglücklich fühlst, dann denke an die schönen Tage, als du dich wohlfühltest, als du fröhlich und zu jedem freundlich warst, ohne Sorgen wie ein Kind.

Wenn alles finster ist, wenn sich alle Hoffnungen auf Besserung zerschlagen haben, wenn du ganz ratlos und mutlos bist, dann suche sorgsam die schönen Tage in deiner Erinnerung auf. Die Tage, da alles gut war und kein Wölkchen am Himmel, da es Menschen gab, bei denen du dich zu Hause fühltest.

Um ein bisschen glücklich zu sein, ein bisschen Himmel auf Erden zu haben, musst du dich mit dem Leben versöhnen, mit deinem eigenen Leben, wie es nun einmal ist.

Du musst Frieden machen mit deiner Arbeit, mit den Menschen in deiner Nähe, mit ihren Fehlern und Schwächen. Du musst froh sein mit deinem Mann, mit deiner Frau, auch wenn du jetzt vielleicht weißt, dass du nicht den idealen Mann, nicht die ideale Frau getroffen hast (glaube nicht, dass es so etwas gibt).

Du musst Frieden machen mit den Grenzen deines Kontos, mit deinem Körper und deinem Gesicht, das du dir nicht ausgesucht hast, mit den Bedingungen deines Lebens, auch wenn es der Nachbar viel besser hat (als du – meinst du).

Versöhne dich mit dem Leben.
Du steckst in deiner eigenen Haut,
in einer anderen Haut kannst du
nicht mehr geboren werden.

Wie ein Echo

Das Glück wird dir angepriesen als schöner
Schmetterling, dem du nachjagen musst.
Aber das stimmt nicht. Ich sage dir: Suche das
Glück nicht, es kommt von selbst über dich.
Das Glück ist wie ein Schatten, der dir folgt,
wenn du nicht daran denkst.
Das Glück kommt wie ein wunderbares
Gefühl über dich, wenn du dich selbst
vergisst, um für andere zu leben.
Glück ist wie ein Echo, das nur antwortet,
wenn du dich selbst gibst.

Ein Bruch in jedem Menschen

Manchmal ist es, als ob zwei Menschen in dir wohnen. Der eine, der alles gut macht und den du gern vorzeigst, und der andere, für den du dich schämst. Es gibt so etwas wie eine Bruchlinie in jedem Menschen.

Ich begegne Menschen, die gut leben möchten und doch Dinge tun, die sie selbst nicht begreifen. Warum ist das so?

Weil ein Mensch kein Gott ist, kein Engel, kein Superwesen, sondern ein kleiner Pilger auf einem langen Weg, manchmal ziemlich müde und ganz schön angeschlagen. Beunruhige dich niemals über deine Schwächen und Fehler, aber beschönige sie auch nicht. Lerne, damit zu leben.

Keiner ist so gut wie in seinen besten Augenblicken, keiner so schlecht wie in seinem schlechtesten Moment.

Der Schatten

Oft besteht die schwierigste Aufgabe darin, das Hindernis zu überwinden, das wir selbst sind. Wenn wir uns selbst im Wege stehen, kommt eine Aufgabe auf uns zu, die uns so gut wie unmöglich erscheint: über den eigenen Schatten zu springen. Schatten, das kann so etwas sein wie die Angst vor der eigenen Courage. Schatten ist aber vor allem die dunkle Seite, die jeder Mensch mit sich trägt und die wir nicht wahrhaben wollen. Diesen Schatten werden wir nicht los, indem wir ihn auf andere schieben. Wir können ihn nicht hinter uns lassen, indem wir vor ihm weglaufen. Auf diese Weise wird man einen Schatten nicht los. Wir müssen ihn uns eingestehen und in das Licht der Liebe halten, die unserem ganzen Leben seinen Sinn gibt.

Angst

Jeder Mensch kennt Angst. Manchmal hat Angst ihr Gutes. Dann wirkt sie wie eine Alarmanlage oder wie ein Motor, der uns antreibt, endlich zu tun, was notwendig ist. Meistens aber legt sie heute die Kräfte lahm, die wir morgen zum Überleben brauchen. Angst vor morgen kommt immer einen Tag zu früh.

Angst verdunkelt die Seele. Angst hat viele Gesichter: zu verlieren, zu versagen, verlassen zu werden, leiden zu müssen. Angst vor einer ungewissen Zukunft, vor Enttäuschung, vor Schmerzen.

Ängste lauern gern im Dunkel. Nicht nur Kinder ängstigen sich vor einsamen, unheimlichen Gängen. Kommt aber Licht ins Dunkel, nimmt die Angst ab. Unsere Angst schwindet, je mehr wir auf die Stimme der Liebe hören, die tief im Innern zu uns spricht: Hab keine Angst, ich werde immer bei dir sein, alles wird gut.

Loslassen

Wir möchten so viel festhalten: glückliche
Stunden, schöne Begegnungen, die Früchte
langer, anstrengender Arbeit. Und doch
müssen wir loslassen:

an jedem Abend das Licht des Tages,
an jedem Morgen die Ruhe der Nacht,
bei jedem Aufbruch ein Zuhause,
bei jeder Enttäuschung eine Hoffnung,
bei jedem Schmerz ein Stück vom Glück.

Wir möchten so viel tun: uns und anderen das
Leben schön machen, für eine bessere Zukunft sorgen. Aber wir stoßen an Grenzen.
Es kommt anders, als wir dachten. Vertrautes
müssen wir aufgeben. Wir müssen Abschied
nehmen, auch Abschied von Menschen für
immer.

Loslassen heißt nicht: alles laufen lassen, alles gut finden, resignieren und kapitulieren. Loslassen heißt: bei aller Spannung wieder entspannen, bei aller Aufregung wieder zur Ruhe kommen, bei aller Hektik nicht in Panik geraten.

Loslassen heißt: weggeben, was ausgedient hat, und hinnehmen, was wir nicht ändern können. Loslassen heißt: auf Gutes vertrauen und Neues auf sich zukommen lassen.

Loslassen ist schwer. Am Ende unseres Lebens gibt es nur eine einzige Lösung: alles loslassen, sich fallen lassen in das Geheimnis.

Grau ist bunt

Werden Menschen alt, sehen wir sie oft nur durch die Problembrille. Wo bringen wir sie unter? Wie werden sie versorgt? Wie stören sie am wenigsten die Abläufe? Hochentwickelte Kulturen hatten vor alten Menschen immer große Ehrfurcht. Was können Alte nicht alles bedeuten: für die Familie, für die Freunde, für das Leben in jeder Gemeinschaft. Nicht selten sind es Menschen voller Lebensweisheit und Humor.

Natürlich gibt es auch alte Menschen, die alles schwarz sehen und für die alles bergab geht. Für sie geht selbst am Morgen die Sonne schon unter. Mit allem sind sie unzufrieden. Keiner kann es ihnen recht machen.

Es geht auch anders. Es gibt auch Menschen, die anders alt werden. Sie versöhnen sich mit dem, was ihnen nicht mehr möglich ist.

Aus allem, was sie noch können, versuchen sie das Beste zu machen. Was ist das Geheimnis dieser Menschen, bei denen man sich wohlfühlt und die für ihre Umgebung ein Segen sind? Sie lieben das Leben, so wie es ist, und die Menschen, so wie sie sind.

Das ist die Kunst: Alt werden mit einem jungen Herzen. Der Herbst des Lebens ist keine Katastrophe, sondern eine kostbare Zeit. Er ist nicht grau, sondern bunt: Voller Farbe ist der Herbst für ein junges Herz.

Wie heilsam können alte Menschen für uns sein:
Sie kennen den Lauf der Welt.
Sie bringen uns den wahren Wert der Dinge bei.
Sie machen sich keine Illusionen mehr.
Sie sehen tiefer, sie durchdringen das Äußere.
Sie spüren, was seinen Wert von innen hat.

Ruhe in Frieden?

Wenn jemand stirbt, sagt man gern: „Er möge ruhen in Frieden." Aber solange ein Mensch lebt, solange er noch Einspruch erheben und eine andere Meinung vertreten kann, solange er bei einer anderen Partei ist, andere Interessen vertritt, einen anderen Geschmack und Lebensstil hat, solange ein Mensch im Wege stehen kann, so lange scheint Frieden eine unmögliche Aufgabe.

„Ruhen in Frieden" ist anscheinend einfacher als „Leben in Frieden".

Was wir mitnehmen können

Warum wird über den Tod so sehr geschwiegen? Wenn wir mehr an den Tod denken, lernen wir ruhiger und zufriedener leben. Der Tod hat uns viel zu sagen, vor allem wenn wir reich sind. Reichtum ist lebensgefährlich. Leicht geht im Reichtum die Menschlichkeit unter. Der Graben, der so viele Menschen trennt und zu Konkurrenten, ja zu Feinden macht, ist der Graben zwischen Arm und Reich. Solange er nicht überbrückt, solange er nicht beseitigt wird, bleiben alle Reden von Mitmenschlichkeit Phrasen. Auch der reichste Mensch muss alles hinter sich lassen. Das Einzige, was wir mitnehmen können, ist der Reichtum unseres Herzens, die Liebe, mit der wir Menschen geliebt haben.

Weiße Chrysanthemen

Der Friedhof voll weißer Chrysanthemen. Der Tod in Weiß. Einen Augenblick lang sind die Toten und die Lebenden zusammen an demselben Ort. Sie suchen einander, sie denken aneinander und können einander nicht erreichen. Irgendwo eine entsetzliche Ohnmacht, eine unheimliche Auseinandersetzung.

Mit einem Mal denke ich an meinen eigenen Tod, ein wenig zaghaft und beklommen. Angst vor dem Tod und Freude am Leben – beides so dicht beieinander. Der Tod ist der rücksichtslose Spielverderber, der alle Lust verdirbt, der alle Sicherheiten infrage stellt und das Organ verschließt, mit dem ich meine Lebensfreude einatme.

Keiner weiß Rat mit dem Tod. Auch die Wissenschaft nicht. Man schweigt, man vergisst. Das alltägliche Leben geht schnell weiter, wenn der Leichenzug vorüber ist. Und doch darf ich den Gedanken an den Tod nicht einfach zu den Akten legen und denken: Das hat noch viel Zeit. Das wäre Vogelstrauß-Politik. Verdrängen ist keine Antwort. Alles läuft letztlich auf die Frage hinaus: Ist der Tod das Ende oder nicht?

Der Tod, dieser kritische Moment meines Lebens, durch den ich hindurch muss, mutterseelenallein, stellt mich vor die Frage: Alles oder nichts? Das Geheimnis von Leben und Tod hängt zusammen mit dem Geheimnis von Gott.

Ich halte in meinen Händen nur eins,
und das ist die Hoffnung.
Bis zu meinem letzten Atemzug
gibt mir die Hoffnung Freude am Leben.

Ich habe das Licht gefunden

Ich habe das Licht gefunden, nicht als ich studierte und alles wissenschaftlich analysierte. Als ich immer schwächer und machtloser wurde, wurde alles einfacher. Das Licht ist eine Gabe, so wie die Sonne eine Gabe ist. Ich glaube an Gott, so wie ein Blinder an die Sonne glaubt, nicht weil er sie sieht, sondern weil er sie fühlt. Es ist eine viel tiefere Wahrnehmung, ein ganz eigenes Gefühl, das man nicht beschreiben kann. Es ist eine Begegnung mit einem Wesen, das man nicht sieht, und doch spürt man seine Gegenwart, beinahe zum Greifen nahe, in dem tiefen Frieden und der unaussprechlichen Freude, die einen manchmal erfüllen. Ich öffnete die Fenster meines Herzens und sehnte mich brennend nach Licht. Und es wurde mir alles gegeben.

5

Mensch,
ich hab dich gern

Es gibt keine anderen

Es gibt kleine und große Menschen, lustige und ernst, schwache und starke, unscheinbare und einflussreiche, sympathische und unsympathische.

Hab sie gern! Deine Liebe wird ihnen guttun. Du merkst es ja auch, wenn einer dich mag. Dann verwandelt sich die Welt, und es wird ein schöner Tag. Den anderen geht es genauso, wenn du sie magst.

Hab die Menschen gern,
so wie sie sind.
Andere gibt es nämlich nicht.

Freundschaft

Du kannst alles aushalten, wenn ein Freund an deiner Seite steht, auch wenn er nichts weiter tun kann als ein Wort sagen oder eine Hand hinhalten. Ein Freund in deinem Leben ist wie Stück Brot oder ein Glas Wein: Freundschaft stärkt und tut gut.

Einen Freund zu haben tröstet, wenn in deinem Leben gerade alles schiefgeht.

Einen Freund zu haben lässt dich an das Gute im Menschen glauben, ein Zeichen göttlicher Güte.

Wenn Menschen Lebensmut verlieren, kommen Therapeuten allein nicht durch. Mit Medikamenten allein ist es nicht zu schaffen. Ganz einfache menschliche Zuwendung und Güte, darauf kommt es an, dass ein Mensch wieder Halt und Hoffnung findet.

Freundschaft ist eine Gestalt der Liebe. Eine Liebe, die zum Licht führt, zu innerem Frieden, zu einer tiefen Freude. Wer den anderen wie eine Sache besitzen will, für sich allein, richtet zugrunde, den er zu lieben behauptet. Er zerstört die Freundschaft. Freundschaft will den anderen nicht besitzen, sie will ihn frei lassen. Zu einer ganz lauteren Freundschaft ist keiner einfach so imstande, aber immer muss man auf dem Weg dahin sein.

Menschen mit Rückgrat

Es gibt Menschen ohne Rückgrat. Sie wurden so geboren, schon ihre Eltern hatten kein Rückgrat. Wir dürfen ihnen keinen Vorwurf machen. Es gibt Menschen ohne Rückgrat, denen es unter der Last ihres Lebens oder durch die Härte von Menschen zerbrochen ist. Rückgrat heißt Selbstbewusstsein, Vertrauen zu sich selbst, Vertrauen zur eigenen Leistung, zum eigenen Wert, zu den Mitmenschen. Wir brauchen Rückgrat zum aufrechten Gang, um den Kopf nicht hängen zu lassen, um Verantwortung zu übernehmen, um Lasten und Sorgen zu tragen, um niemals vor dem Geld zu kriechen. Rückgrat hält den Kopf hoch, über alle bedrückenden Stimmungen. Wir brauchen Rückgrat, um durchzuhalten, um geradeaus zu gehen, unseren eigenen Weg.

Ich habe Menschen gern

Ein Mensch ist ein unergründliches Wesen, faszinierend und nicht zu fassen. Ich möchte gern alle Menschen ins Herz schließen. Und doch weiß ich, dass keine einzige Begegnung, keine einzige Beziehung vollkommene Erfüllung findet. In unserem Leben ist alles vorläufig, eine vorläufige Seligkeit. Ich habe Menschen gern, nicht wegen der Verpackung, auch wenn sie manchmal sehr schön anzuschauen ist, sondern vor allem wegen des Geheimnisses, das tief in jedem Menschen steckt, und wegen der Freundschaft. Menschen können Freunde werden. Ein echter Freund ist jemand, der eine Weile mit mir den gleichen Weg gehen will. Freunde schauen nicht so sehr auf sich, sie schauen gemeinsam in die gleiche Richtung.

Erfinderische Liebe

Ich muss nicht meinen, mit der Liebe sei ich
fertig, wenn ich über die Leute um mich herum nur freundlich denke. Wenn ich mich ruhig verhalte, keinem zu nahe komme. Wenn
ich keinem etwas Böses tue und jeden leben
lasse. Wenn bei mir alles wohlversorgt und
gut gesichert ist unter der gläsernen Glocke
meiner privaten Sphäre.

Will ich wirklich lieben, muss ich mich um
andere kümmern: aufmerksam, einfühlsam,
erfinderisch. Ich muss mich kümmern zuerst
um die Menschen in meiner Nähe, die meiner
Sorge anvertraut sind, mit denen ich unter
einem Dach wohne, mit denen ich jeden Tag
zusammenarbeite, mit denen ich gemeinsam auf dem Weg des Lebens bin.

Erfinderische Liebe reißt mich aus meiner
Enge heraus. Ich darf mich davor nicht drü-
cken, auch dann nicht, wenn meine schönen
eigenen Pläne dadurch gestört werden. Sich

um andere kümmern ist die Frucht einer er-
finderischen Liebe. Es kann schwerfallen, aber
es führt wunderbare Gaben mit sich. Es bringt
Leben und Farbe in mein Dasein und manchmal, in glücklichen Augenblicken, ein Gefühl
unermesslicher Dankbarkeit. Erfinderische
Liebe ist ein Vorgeschmack vom Paradies.

Selig die Gewaltlosen

Es gibt Menschen, die nicht nach Macht hungern. Sie wissen, dass der Mensch Hände hat, um zu vergeben, und keine Fäuste, um zu schlagen.

Es gibt Menschen, die dort stehen, wo die Schwachen sind, wo Menschen Opfer von Menschen werden, und die unermüdlich eintreten gegen den Missbrauch der Macht.

Es gibt Menschen, die die Spirale der Gewalt umbiegen zu einer Spirale der Freundschaft und Liebe.

Sie sind wie das Wasser im Fluss, das die scharfen Steine glättet. Mit sanfter Gewalt gewinnen sie die Herzen der Menschen.

Der Weg des Saatkorns

Ein Kornfeld beginnt mit unsichtbaren Saat-
körnern. Ein Fluss beginnt mit einer Quelle,
tief verborgen. Ein Sturm beginnt mit einem
Rauschen in den Blättern. Ein Feuer beginnt
mit einem Funken.

Wir müssen neue Wege gehen: den Weg
des Saatkorns, den Weg zur Menschlichkeit
unter den Menschen, damit die Freude am
Leben aufblüht wie ein farbiger Regenbogen
am Himmel unseres Dorfes, das Erde heißt.

Der Weg des Saatkorns: immer fällt es und
stirbt. Aber wenn es zu blühen beginnt,
staunt die Erde und freut sich.

Liebe: Wärme ausstrahlen
und niemanden verletzen.
Feuer sein und niemanden
verbrennen.

Kleiner Mensch

Kleiner Mensch, du stehst nicht im Rampenlicht, dein Name erscheint nie in der Zeitung. Unauffällig stehst du mit vielen anderen im Schatten. Du machst deine Arbeit, jeden Tag deine gewöhnliche Arbeit. Du bist der Fußgänger, der vor den Autos zur Seite springen muss, der Radfahrer, den die Autos bei Regen vollspritzen.

Kleiner Mensch, du hast keine einflussreichen Beziehungen. Du kassierst keine Dividenden. Du boxt dich nicht auf Kosten anderer durchs Leben. Du hast Hände, um zu geben. Du lachst und hast Menschen gern.

Kleiner Mensch, vielleicht hast du niemand und bist ganz allein. Niemand sagt zu dir: Guten Morgen! Niemand sagt zu dir: Gute Nacht!
Du redest mit deiner Katze oder mit deinem Hund. Du sitzt auf der Bank im Park, du

hast für die Vögel etwas zum Picken mitgebracht. Den kleinen Dingen bist du nahe. Du bist der Natur nahe.

Kleiner Mensch,
du bist einfach Mensch,
und darum bist du groß.

Was mir Hoffnung gibt

Hoffnung geben mir die einfachen, die ganz gewöhnlichen Menschen. Menschen, die leben und das Lachen nicht verlernt haben. Menschen, die sich über das Licht freuen, zu allem Gutem Ja sagen und das Schwere, das sich nicht ändern lässt, annehmen können.

Es sind Menschen, die selten ins Fernsehen kommen und auch nicht in der Zeitung stehen. Sie haben ein sicheres Gespür, wo Medien lügen. Sie sind unendlich verträglich, aber sie wissen zu widerstehen, wenn die Wurzeln des Lebens angetastet werden.

Sie geben mir Hoffnung. Einfache Menschen, von denen ohne viel Aufhebens ein Strom von Liebe in die Welt ausgeht. Er ist wie ein warmer Golfstrom, unsichtbar, aber man spürt ihn an den Küsten einer Welt, die schon zu lange friert vor Kälte unter den Menschen.

Mein Onkel hat nur ein kleines Stück von der Welt gesehen. Er hatte nur eine Frau und nur ein Haus. Alle Tage hat er mit seinen Händen gearbeitet, und alle Menschen waren ihm willkommen an seinem Tisch und in seinem Herzen. Als er achtzig Jahre wurde, war er noch so lebenslustig wie einer von zwanzig. Er gab mir den Glauben an das ewige Leben. Ich dachte: Wenn alle Menschen mit so wenig zufrieden wären, gäbe es für jeden genug.

Einfache Menschen geben mir Hoffnung. Sie sind reich. Sie kennen noch den Luxus der Gastfreundschaft. Sie sind mit einem Schaf glücklicher als Reiche mit einem Jaguar. Sie freuen sich über einen Fisch und ein paar Eier, eine Schale Tee und eine Handvoll Reis.

Sie sind frei von Gier und dankbar für jede Gabe. Sie brauchen nur wenig, um glücklich zu sein. Sie haben in ihrem Herzen ein Paradies, da ist die ganze Welt willkommen. Sie haben ein weites Herz und viel Verständnis. Sie geben ihren Mitmenschen Raum, dass der eine so und der andere anders sein kann und Freiheit für den eigenen Lebensrhythmus findet. Sie machen mir Mut.

Die Macht der Worte

Menschen denken anders, handeln anders, empfinden anders, sprechen anders. Nimm es hin, dass andere anders sind. Sei vorsichtig mit deinen Reden.

Was schwer zu lernen ist: etwas Gutes sagen oder still sein.

Willst du glücklich sein mit deinem Lebenspartner, dann rede über alles Gute, das sich an ihm findet. Bist du überzeugt, dass der andere eigentlich neunundneunzig schlechte Seiten hat und nur eine gute? Dann rede über diese eine gute Seite, und ganz von selbst kommen neue hinzu.

Worte sind mächtige Waffen, die viel Unheil stiften können. Ein hartes Wort, ein scharfes Wort – das kann tief verletzen und im Herzen lange wehtun und Narben hinterlassen.

Worte, die voll sind von der Kraft der Liebe,
bringen Menschen zusammen. Sie lösen
Freude aus.

Jedes Wort ist wie eine Geburt. Ein Wort, das
eindringt ins Herz, verändert das Herz. Worte
können Licht sein, versöhnen, einander näher
bringen, Frieden stiften.

Das Leben ist viel zu kurz
und unsere Welt viel zu klein,
um ein Schlachtfeld daraus zu machen.

Mein Traum

Mein Traum: Wir sitzen alle im selben Boot. Menschen, die zusammen fahren. Die Sonne tanzt am Himmel, die Fische tummeln sich im Meer. Alle Menschen – Geschwister im selben Boot: Schwache und Starke, Schwarze und Weiße, Große und Kleine, Arme und Reiche. Menschen, die zusammen fahren, auf demselben Meer der Welt, unter derselben Sonne, in demselben Wind. Da ist keiner mehr, der kaputt gemacht wird. Keiner wird mehr über Bord geworfen, keiner landet mehr im letzten dunklen Loch, um dort vor Hunger zu sterben. Es gibt keinen Krieg um die Kommandobrücke des Schiffes. Übers Deck laufen Leute mit einem Lied. An Bord dieses Schiffes ist jeder sicher und geborgen.

Mensch, ich hab dich gern

Ein seltsames Wort: Mensch, ich hab dich gern.

Ich glaube an einen neuen Frühling in der Welt. Dann werden die Menschen ihre Waffen weglegen und zum sichtbaren oder unsichtbaren Feind rufen: „Mensch, ich hab dich gern. Ich kann dich doch nicht umbringen. Ich kann dir doch nichts Böses tun."

Ich glaube an ein Meer ungeahnter Möglichkeiten. Dann werden die Reichen sich ihres Reichtums schämen, Besitz und Macht niederlegen, zu den Armen gehen und sagen: „Mensch, ich hab dich gern. Vergib mir! Ich nahm zu viel für mich. Ich will mich zu dir an deinen Tisch setzen, mit dem gemeinsamen Brot darauf und mit Blumen des Friedens in der Sonne."

Ich glaube an das Wunder, dass wir in jedem Haus, in jeder Straße, in jeder Stadt einander sagen: „Mensch, ich hab dich gern. Ich will alle bitteren Worte aus meinem Mund weglegen und mein Herz mit Güte füllen und meine Hände mit Freundschaft."

Sag es weiter mit Worten oder ohne Worte. Sag es mit einem Lächeln, mit einer Geste der Versöhnung, mit einem Händedruck, mit einem Wort der Anerkennung, mit einer Umarmung, mit einem Kuss, mit einem Stern in deinen Augen. Sag es weiter mit tausend kleinen Aufmerksamkeiten, jeden Tag aufs Neue:

„Mensch, ich hab dich so gern."

Quellenhinweis

Dieses Buch wurde zusammengestellt aus Veröffentlichungen von Phil Bosmans, die im Verlag Herder, Freiburg im Breisgau, erschienen sind. Sie wurden für diese Ausgabe durchgesehen und neu bearbeitet.

Alle Bücher von Phil Bosmans sind aus dem Niederländischen übersetzt und herausgegeben von Ulrich Schütz.

Bund ohne Namen

von Phil Bosmans gegründet
für mehr Herz in dieser Welt

Nähere Informationen
über die Kontaktadresse:
    Bund ohne Namen e. V.
    Postfach 154
    D-79001 Freiburg

Oder im Internet:
    www.bund-ohne-namen.de
    www.phil-bosmans.de

Phil Bosmans inspiriert

LEBEN JEDEN TAG
365 Vitamine für das Herz
ISBN 978-3-451-32142-9
Für jeden Tag des Jahres ein inspirierender Text von Phil
Bosmans.

VERGISS DIE FREUDE NICHT
ISBN 978-3-451-29620-8
Der „Klassiker" der Lebensphilosophie von Phil Bosmans,
verbreitet in bereits weit über eine Million Exemplaren.

Auch als Hörbuch auf Audio-CD, gelesen von Suzanne von
Borsody
ISBN 978-3-7831-3026-3

LIEBE WIRKT TÄGLICH WUNDER
ISBN 978-3-451-29621-5
In diese Welt gehört mehr Herz! Phil Bosmans' Vision
einer Welt mit menschlichem Gesicht.

HERDER

BLUMEN DES GLÜCKS MUSST DU SELBST PFLANZEN

ISBN 978-3-451-29623-9

Worte der Lebensweisheit, gelassen und zuversichtlich,
zärtlich und klar.

JA ZUM LEBEN

ISBN 978-3-451-29622-2

Phil Bosmans' Impuls, das Leben in die eigene Hand zu
nehmen und sich für andere zu öffnen.

JEDES HERZ BRAUCHT EIN ZUHAUSE (mit Ulrich Schütz)

ISBN 978-3-451-28680-3

Texte und Bilder führen durch die Zeiten des Jahres, die
zugleich Zeiten des Lebens und der Seele sind.

FRÜHLING FÜR DIE SEELE

ISBN 978-3-451-29031-2

Die spirituelle Frühlingskur mit Phil Bosmans.

ZUM GLÜCK ZU ZWEIT

ISBN 978-3-451-27984-3

Vitamine für alle, die gemeinsam durchs Leben gehen.
Phil Bosmans fasst in Worte, was als Sehnsucht und
unzerstörbare Hoffnung in jeder Beziehung liegt.

HERDER

Phil Bosmans inspiriert

Worte zum Menschsein

ISBN 978-3-451-29713-7

Dieser Band mit ausgesuchten Texten von Phil Bosmans
ist für viele Menschen zum Begleiter geworden.

Zeit für ein gutes Wort

ISBN 978-3-451-32221-1

Das Aufstellbuch mit Lebensweisheiten von Phil Bosmans,
einprägsame, unmittelbar zu Herzen gehende Worte,
gestaltet mit Bildern, die die Seele ansprechen und
erfrischen.

Mit allen guten Wünschen

ISBN 978-3-451-28329-1

Das Buch für alle, die mit den Worten von Phil Bosmans
anderen Menschen zu einem Lebensfest einen guten
Gedanken mit auf den Weg geben wollen.

Vergiss nicht zu leben

Gespräche zum Menschsein

ISBN 978-3-451-29030-5

Der große Interviewband mit zahlreichen Fotos aus dem
Leben von Phil Bosmans. In diesem Buch spricht er über
die Erfahrungen seines reichen Lebens.

HERDER

Sternstunden für die Seele

Anselm Grün
DAS KLEINE BUCH VOM WAHREN GLÜCK
Herder Spektrum 7007

Tania Konnerth
SONNENSCHEIN AN JEDEM TAG
Herder Spektrum 7028

Pierre Stutz
HEILENDE MOMENTE FÜR DIE SEELE
Herder Spektrum 7052

Anthony de Mello
ZEITEN DES GLÜCKS
Herder Spektrum 7032

Dalai Lama
SO EINFACH IST DAS GLÜCK
Herder Spektrum 7031

HERDER spektrum

© Verlag Herder GmbH, Freiburg im Breisgau 2010
Alle Rechte vorbehalten
www.herder.de

Umschlaggestaltung und -konzeption:
R · M · E München / Roland Eschlbeck, Liana Tuchel

Herstellung: fgb · freiburger graphische betriebe
www.fgb.de

Gedruckt auf umweltfreundlichem,
chlorfrei gebleichtem Papier
Printed in Germany

ISBN 978–3-451-07095-2